JN237826

貿易ビジネスの基本と常識

ジェトロ認定貿易アドバイザー
大須賀 祐
Yuh Ohsuka

PHP

はじめに

☆今、数ある本の中で奇跡的にこの本を手に取ってくださったあなたに！☆

今、こうしてこの本を手に取ってくださっているあなた！

こんにちは。ジェトロ認定貿易アドバイザーの大須賀祐《おおすかゆう》です。

あなたと私は、縁があってこうして出会うことになりました。

これは偶然ではありません。

ここでお会いするのは、私たちが深くかかわろうとしているということなのです。


さぁ、あなたのことを私に教えてください。

今あなたは、何をなさっている方でしょうか。

商社マン、貿易事務担当者、貿易部門を立ち上げようとしている中小企業の社長様、それとも心機一転独立を考えている起業家の方でしょうか。

いずれにしてもあなたは、ついていています。

なぜかって?


私が貿易の世界と出会ってからもう27年の月日が経ちました。

今のように日本にいながら、情報を一瞬にして得られるインターネットなどは存在せず、現地に飛ぶくらいしか相手を見つける方法がありませんでした。また、以前は小さな会社が、自ら海外との取引をすることが簡単な時代ではありませんでした。

相手とのやり取りは郵便で行われ、相手に手紙が届くのに2週間も要した時代です。考えられないくらいゆったりとした時代でした。

今、その頃を振り返ってみると隔世の感を禁じ得ない思いです。

情報不足から、毎日が失敗の連続でした。お金を払ったのに物がこない、輸送中に物が忽然と消えてしまった、見本とまったく違う物が送られてくる、コンテナを開けたら商品の90%が壊れていた、そもそも輸入できない物を輸入してしまった……など、枚挙にいとまがありません。

現在のように貿易のコンサルタントなども当然いませんから、すべては手探りです。

もちろん貿易を論じる書籍は存在しました。しかし、ほとんどが学者、いわゆる先生族が書いた学究的なものばかりだったのです。


この本は、ある意味27年前の自分に向けて書いたものです。もし今、あの時の私にアドバイスできたなら、私のこれまでの道のりは、もっと平坦なものになっていたはずです。

もちろん私はそれを悔いているのでは、ありません。

それだからこそ、当時の私は貴重な体験をして、教訓を得ることができたのですからね。

そしてこうして、今、この本を通してあなたとのご縁をいただいているのですから。

この本は、私自身が輸入商として実際に試したこと、貿易コンサルタントとしてクライアント様と一緒に取り組んできたことなど、現場でしか知りえない知識もあますところなく書きました。

難しいところはできるだけ平易に、そして貿易人として必要不可欠な部分は、深く深く掘り下げて、実際に役に立つ形に仕上げました。

新人で、まったく何も知らない渡部君にあなたの姿をだぶらせて読んでください。

きっと、何かが見えはじめてくるはずです。

本書が、貿易を志すあなたにとってバイブルになることでしょう。

そして未知の世界を開拓されんことを！

☆本書の強み☆

貿易書というと、手続きの解説が中心の学究的なものが多い中、本書では、ビジネスとしての貿易にスポットをあてています。貿易とはいえ、最終的には物販です。物販を考えずして貿易は完結しません。

そこで、デスク上的なものの見方だけではなく、実際に海外の現場を感じられるようなアクティブな構成にしています。

実際の実務の現場、商談での現場でも役に立つよう細心の注意を払っています。

この本を読み進めていくうちに、何をどうするかがきっと見えてくるように解説をしていきます。

具体的には、次のとおりです。

本書の構成

【プロローグ】国際ビジネスを成功させるには

中堅商社・村上物産に入社した新入社員の渡部君が3ヶ月の研修を無事終えて、いきなり重要顧客の久保木インテリアの輸入を任されることからはじまります。

渡部君の教育係でもある先輩女性社員の足立さんともども不安がいっぱい。そこで村上物産の貿易顧問の大須賀アドバイザーに支援をお願いするところからこのストーリーは展開していきます。

第1章から第4章は、【PartⅠ】輸入編です。輸入ビジネスの基礎を学びます。

【第1章】輸入取引のしくみと流れ

事前研修で一通りの基礎は学んでいるとはいえ、実践ははじめての渡部君。不安はかくせません。再度輸入全体の流れを足立さんと再確認して、今回のプロジェクトの全体図を構想します。

【第2章】輸入取引のはじめ方

プロジェクトのタイムスケジュールを考えた渡部君と足立さんは、納期優先で商品発掘はスペインの展示会で行うことになりました。自分たちだけでは不安な二人は、顧問の大須賀アドバイザーに同行してもらい、現場で指導を受けながら輸入先の発掘を試みます。

【第3章】輸入代金の支払い・保険の基本

なんとか商品も納期内の到着がみえてきたものの、ホッとする間もなく支払いと保険の手配に追われます。大須賀アドバイザーの知恵を借りて万全の態勢で受け入れ準備を整えます。

【第4章】　輸入貨物の入荷・通関・引取り・国内販売

商品の入荷、通関手続きと倉庫への納品までを学びます。重要顧客とのやりとりなど、取引を通じて渡部君とともに貿易マンとして大きく成長できる章です。

第5章から第8章では、【PartⅡ】輸出編として、輸出ビジネスの基礎を学びます。

【第5章】　輸出取引のしくみと手順

前回の久保木インテリアの輸入で一目おかれた渡部君が、今度は日本の伝統文化を世界に広めるための一翼を担うことになります。伝統工芸品の輸出です。輸出は基本的に輸入の逆とはいうものの、細かい点では立場が変わる分違うもの。特に代金の回収と契約には細心の注意を払うことを学びます。

【第6章】　貨物の船積・輸送

はじめての輸出業務ですが、輸入ビジネスを学んでいるだけによりスムーズに理解できると思います。納期に間に合うように輸出通関を経て無事出荷するところまでを学びます。

【第7章】　回収のしくみと手続き

いよいよ輸出業務も大詰め。輸出でもっとも重要なパートとされる回収です。日本国内にはないスキームである信用状について渡部君と一緒に掘り下げていきましょう。

【第8章】関連業務の知識と進め方

わずかな期間に、大役を見事に務めきった渡部君とともに、今まで出てこなかった貿易にかかわる知識を大須賀アドバイザーから学びます。為替の知識とコンテナ輸送と運賃算出の基礎についてです。

ここまでできれば、貿易ビジネスの基礎は理解できるはずです。
さぁ、一緒に貿易の世界を自分のものにしましょう!

2009年1月

ジェトロ認定貿易アドバイザー　大須賀　祐

◎本書を読んでいただきたい方◎

1．貿易部門、海外部門所属の方で上昇志向の高い方

貿易部門で海外営業を担当されている方、貿易事務を担当されている方、もしくは今度あらたに配属されて向学心に燃えている方。

貿易は、私たち日本人にとって避けて通れない重要な産業です。貿易なしでは、私たちの生活は一日たりとも成り立たないのが現状です。海外とどうかかわっていくかとはすなわち、相手を知ること、そしてそこで使われるシステムを押さえることです。日本をリードしていく方々には、不可欠のノウハウといえます。

2．新規事業として貿易を考えている経営者・事業主の方

現在、順調なビジネスを構築しているものの、5年後、10年後に一抹の不安をおぼえるので、今から新規事業の一環として貿易を商品調達の一部分としたい、もしくは新たな市場の開拓として志向していきたいと思っている方。

世の中の流れは、私たちが考えている以上に速いものです。会社はよく環境適応業であると

いわれます。その時代の流れをいち早くつかみ、自ら変わる姿勢が経営者としての責務でしょう。そういう進取の精神をもった経営者でありたいものです。

3. 企業の歯車でいることに限界を感じている起業家志望、もしくは起業家の方

どうせ人生一度きり。自らの生きざまを自分自身で切り開いていきたいと考えているアントレプレナー意識の高い方。そんなあなたにとって貿易の世界は最適です。いわゆる実力だけのフェアな世界です。そんなあなたの実力を、きっちり理論武装する必要があります。そんな基礎固めには最適な構成にしています。

4. 海外滞在経験がある方、もしくは現在海外にお住まいの方

あなたが海外にかかわったこと、もしくは今かかわっていることは、このビジネスにとって大きな大きなアドバンテージになります。海外のコネクションを最大限に活用できるからです。貿易においてそのことの意味ははかりしれません。輸入・輸出とも、頭ひとつ抜きん出ているのですから、しっかり学んでチャンスをつかんでください。

あなたがこのような人であれば、この本はあなたが思う以上に役にたちます。
あなたの人生を変える力をもつかもしれません。
そしてこの本があなたの転機になることを祈りつつ……。

貿易ビジネスの基本と常識

登場人物紹介

渡部君

中堅商社・村上物産の新入社員。3ヶ月の研修期間を経て貿易部に配属されたばかりのバリバリの新人君。23歳、独身。ちょっとおっちょこちょいなところもあるが、一生懸命さが渡部君の売り。
いきなり輸入担当を命ぜられ、困惑しながらも先輩社員とともに業務をまっとうしていく。

足立さん

村上物産貿易部のベテランスタッフ。29歳、独身。渡部君の教育係でもある。やさしく、そして時には厳しく渡部君を見守っていく。

大須賀アドバイザー

村上物産の貿易顧問。53歳。貿易コンサルタント会社株式会社インポートプレナーの最高顧問。自らも貿易の現場に立ち続けて27年のキャリアをもつ。その実践に裏付けられたコンサルテーションはクライアントの絶大なる支持を得ている。

木戸部長

村上物産貿易部部長。46歳。貿易部の総責任者。人情深く部下からの信頼も厚い。今回新人の渡部君を起用するなど思い切った判断で周囲を驚かせることもしばしば。

貿易ビジネスの基本と常識 ——目次

Part II 輸出編 171

第5章 輸出取引のしくみと手順 175

第8章 関連業務の知識と進め方 239

装丁――小林正和
本文イラスト――村上智子

Part I 輸入編

東京に本社のある中堅商社・村上物産に入社した渡部君。
入社早々、村上物産の重要顧客久保木インテリアからの依頼でリビング用のソファの輸入を担当することになった。いきなりの大抜擢に本人もとまどいぎみ。
商品の発掘から納入まで6ヶ月。先輩女性社員の足立さんともども、村上物産の貿易顧問である㈱インポートプレナーの大須賀貿易アドバイザーを訪ねることにした。

足立「大須賀先生、今日は今年から私とタッグを組むことになった渡部君を連れてきました。先生のご指導をお願いしたいと思います」

渡部「先生、はじめまして。渡部と申します。今年から貿易部に配属になりました。よろしくお願いします」

大須賀「渡部さんのことは木戸部長からお伺いしていましたよ。こちらこそよろしくお願いしますね」

足立「先生、今日はお願いがあってまいりました」

大須賀「どうしましたか？」

足立「実は、久保木インテリアを担当していた安田さんが急に大阪支社に転勤になりまして、渡部君がその後任に抜擢されたんです」

大須賀「ほう、それは異例の人事ですね」
足立「そうなんです。それだけ期待されているということだと思います。ねぇ、渡部君」
渡部「はぁ、そうなんでしょうか？」
足立「そうよ。そうじゃなきゃ新人君が久保木インテリア様の担当になるわけがないじゃない。そうですよね、先生」
大須賀「そうですね。あの敏腕部長の木戸さんが選んだ人ですからね」
渡部「身がひきしまる感じがしています」
足立「部長から渡部君のパートナー兼教育係と命じられたのですが、一人じゃ心もとなくて。先生にもご指導をいただければ、私もとても心強いのです……」
大須賀「わかりました。実は昨日木戸部長から電話をいただいています」
足立「えっ、部長からですか？」
大須賀「別件の電話だったのですが、最後に足立と渡部をよろしくって、おっしゃっていました」
足立「そうなんですか。君たちの責任でしっかりやりなさいっていったきりで、実は渡部君と途方にくれていたんです」
大須賀「木戸部長は、厳しく見えるけど人情家でもありますからね。やっぱり応援しているんでしょうね」

渡部「そうですか。それを聞いてなにかやる気が出てきました」

大須賀「そうですか。それはよかった。じゃ早速今回のプロジェクトについて聞かせてもらえますか?」

足立「はい。じゃ私からお話をさせていただきます」

大須賀「はい。お願いします」

足立「先般、久保木インテリアの久保木社長より、秋の新作展用のソファを提案してほしいとの依頼をいただきました」

大須賀「発掘からの依頼ですか?」

足立「そうなんです。もう長い取引だからうちのテイストはもうわかるでしょうからお願いって頼まれちゃったんです」

大須賀「久保木社長らしいね」

足立「そうなんです。いつものあの笑顔でお願いねって頼まれたので、部長に相談をして引き受けることになったんです」

大須賀「わかりました。商品発掘からはじめなければならないとすると、早速段取りを考えなければならないね」

足立・渡部「よろしくお願いします」

村上物産に戻ってきた二人

足立「さぁ忙しくなるわよ、渡部君。まず取引先の選定からいきましょうね」
渡部「足立先輩、その前にもう一度輸入業務の流れについてレクチャーしてくれませんか。一通り研修ではやったんですけど、なんだか自信なくて。それから甘えついでに海外取引のコツというか違いなんかも、もう一度確認したいんですけど」
足立「まぁ、あきれた。部長に知られたら大変よ」
渡部「すみません。覚えることが多くて……。あくまで念のためにです」
足立「そうね。わかったわ。ただあんまり時間は割けないから要点だけにするわよ」
渡部「はい。ありがとうございます。よろしくお願いします」
足立「まずね。貿易は、大きな三つの流れを覚えることが大事なのよ。つまりお金の流れ、物の流れ、そして書類の流れよ。そしてこの三つの流れがそのまま国内取引と大きく違うところなの」
渡部「はぁ」

足立「特に書類の中でも契約書はとっても大事ね。契約の概念が私たちのものと相当違うから気をつけてね」
渡部「はい」
足立「それから貿易は、言葉、宗教、肌の色、風俗、習慣の違う人たちとの取引だから、そういったものにも配慮が必要ね。トラブルの多くは、こういったところから生じるものなの」
渡部「なるほど。そうですね」
足立「これ以外にもたくさんあるけど、あとは進めながら徐々に覚えていきましょう」
渡部「はい、了解です」
足立「それから、大須賀先生が輸入について書かれた本を貸してあげるから読んでおくといいわ。輸入についてわかりやすく解説されているから役に立つわよ」
渡部「あっ、それ知ってます。『初めてでもよくわかる　輸入ビジネスの始め方・儲け方』ですよね。ベストセラーになった本ですよね」
足立「あら、読んだの」
渡部「読もうと思っていたところでした」
足立「まったく、調子いいんだから」

プロローグ

海外取引を成功させるには何が必要なのか

0-0 国内取引との違いと注意点を知る！

あなたの身のまわりを見渡してみてください。

いかがですか。私たちのまわりには、ありとあらゆる国からの商品であふれかえっていませんか。そして企業においても、規模の大小にかかわらず海外取引は、もはやごくごく普通のことになってきました。

しかし、いくら普通になってきたとはいえ、まだまだ国内取引とは違うところがあることも事実です。一体どのようなことが違うのでしょうか。

まず最初に、その違いから見ていくことにしましょう。

それは、大きく分けて四つに集約されます。

1．契約の方法
基本的に海外との取引は、異国間・異文化間の取引のため、売主と買主の国によって、それぞれの法律、制度、商慣習、商道徳などが違います。

そのため、双方は永年の取引上の経験から、共通の了解事項や合意事項を取り決め、それをいくつかの売買形態に固定化したのです。それを国際的商慣習（インコタームズ）といい、国際商業会議所によって確立されました。

実務レベルでは、ほとんどの貿易業者はこのインコタームズによって取引を行っています。そして、この商慣習（インコタームズ）を共通のルールとして、契約書ベースの取引が行われます。

契約書があまり重要視されない私たちの国とは違うので、注意しなければなりません。

2．支払いの方法

売主・買主がお互いに遠く離れているために、商品の引き渡しと代金支払いを、同時に行うのは無理があります。お互いに、はじめての取引であれば不安にもなるでしょう。

買主は本当にお金を払ってくれるのだろうか？　売主は本当に商品を送ってくれるのだろうか？　双方とも同じ不安を感じるのです。ですから売主は前払いを要求し、買主は後払いを希望します。

そのお互いの不安を解決するために登場したのが、信用状取引（L／C）です。信用状取引については、後ほど詳述しますが、お互いのリスクをできるだけ軽減するツールとして、長く使われてきています。また最近では、国内取引のように電信送金による決済も増えてきていることも事実です。
とはいえ、どちらの方法であれ、なじみのない外国為替がからむ点は、国内での取引にはない大きな違いです。

3．運輸・通関手続き

私たちの国、日本は島国です。

ですから海外との運送手段は、船か航空機を使わなければなりません。では、これは一体どちらが手配するのでしょうか。

答えは、取引条件（トレードタームズ）によって変わるのです。これについても、詳細は後述しますのでご安心ください。

また、買主は税関に対して関税納付に関する申告をして、輸入許可を受けた後でないと商品の引き取りができません。これも国内取引と大きく違う点です。

4．さまざまなコスト・リスクの問題

物流コストをはじめとして、通関費用や検査費用、さらに貿易条件によっては保険費用等々、多くの項目のコストを採算に織り込まなくてはなりません。

また、事実上返品不可能な完全買取りの商慣習、認識の違いによる品質の問題、為替変動リスク、場合によっては相手国の戦争、クーデター、内乱などのカントリーリスクも想定しておかなければなりません。

以上のようなことを事前に十分に認識した上で、海外取引にのぞむべきです。

さぁ、なんとなく理解できたでしょうか。

専門的なこともあってわかりづらかったでしょうか。でも今わからなくても大丈夫です。順を追って説明を加えていきますから、気軽に読み進めてください。

0-1 異文化コミュニケーションをスムーズにするために何に着目するのか

コミュニケーションはなんのためにするのでしょうか。また、その本質はなんでしょうか。ビジネスにおけるコミュニケーションの役割は、売主・買主双方が確実に、しかもすばやくメッセージを伝達することです。そして、そのメッセージに基づき、相手に自分の思う通りに動いてもらうことです。

つまり、相手に働きかけると同時に、行動をおこさせることがコミュニケーションの目的なのです。

伝達はできたとしても、相手が動かないのであれば、そのコミュニケーションは、失敗なのです。コミュニケーションの本質は、自分の思うように相手に動いてもらうことといえるからです。

ですから、言語はもちろん、相手方の文化・習慣を理解した上でのサイン、身振り、手振りなどの非言語的な手段も大いに重要になります。

特に face to face の面談によるコミュニケーションの場合は、話し言葉だけではなく、相手の表情、息遣い、声のトーン、話すスピードなどを、間近に感じることで、相互理解も深まります。

もちろん貿易英語、商業英語のスキルは必要です。しかし、そればかりではないということも認識すべきでしょう。

コラム1 The eyes are the window to the soul.

ミラノからの帰りの飛行機の中で出会ったアメリカ人の言葉で、直訳すると「目は心の窓」って感じでしょうか。日本語でいえば「目は口ほどにものをいう」が近い感覚ですね。多民族国家アメリカでは、相手の目をみて瞬時に信頼できるのか否かを判断するとのことでした。

そのときの判断基準は目の動きを見る。その時に目が shift（動く）する人間は、信頼できないとのこと。

おもしろいですね。日本語でも「目が泳ぐ」っていいますね。まさに同じ発想です。アメリカ映画『交渉人』では、主人公が容疑者の目の動きを見て嘘を見破るシーンが出てきます。まさに「目は心の窓」ですね。

一方、ややもすれば、私たち日本人は、外国人（特に欧米人）に対してある種のコンプレックスを感じる人がいて、見つめられると目線をはずす人がいます。また、あまり相手を見つめるのは失礼という私たちの文化のせいもあるのかもしれません。

しかしこれは厳禁！

やましいことがあるんじゃないかとかんぐられたり、自信がないんじゃないかと思われてしまうことがあります。

先に相手から目線をはずすことで、相手より劣位におかれてしまうのです。

海外ビジネスにおいては、これは交渉時には絶対に不利になりますからご注意！　相手を目で殺すくらいに見つめてみてください。意外な展開があるかもしれません。

0-2 輸出入取引の全体像を知ろう

輸出入取引には、輸出入者だけでなく、船会社、輸出入地の銀行、保険会社、税関など、さまざまな関係者が関与し、多くの手続きが必要になります。ですから、貿易を理解するためには、取引の全体的な流れをつかむことが大切です。

41ページの図を参考にしながら、貿易取引がどのような手順で流れていくのかをみてみましょう。

この段階では、専門用語などの細部にこだわらずこんな流れなのかということがわかれば十分です。

さぁ、見ていきましょう。

(1) 輸出入取引の流れ（信用状Ｌ／Ｃ決済の場合）

① 輸出者と輸入者の間で合意の後、売買契約が成立
② 契約に従い、輸入者は取引銀行（開設銀行：Opening Bank）に信用状（Letter of Credit・Ｌ／Ｃ）の発行（開設）を依頼。これは信用状取引にすることにより、輸出入者ともに比較的安全に取引をすることを可能にするための方法
③ 開設銀行は、信用状を発行して、取引のある輸出地の銀行（通知銀行）に信用状を送付
④ 輸出地の銀行（通知銀行）は、信用状を受け取った時点で信用状の到着を輸出者に連絡
⑤ 輸出者は、内容が契約書通りになっているかを確認して、通関業者に輸出手続きを依頼
⑥ 輸出者が保険を手配しなければならない契約（ＣＩＦ条件など）の場合は、申込みをして保険証券を入手
⑦ 通関業者は税関に対し輸出申告手続きを行う
⑧ 税関は、書類内容を審査し（場合によっては現品検査）、輸出許可書を発行
⑨ 海貨業者（通関業者が兼ねている場合も多い）は、船会社に船積の手続きを依頼
⑩ 船会社は、貨物を受け取ると船荷証券（Ｂ／Ｌ）を発行
⑪ Ｂ／Ｌを入手した輸出者は、輸出代金の回収のために必要書類を取り揃え、通知銀行

（買取銀行）に荷為替手形を持ち込んで買取を依頼
⑫通知銀行（買取銀行）は書類を精査し、特に問題のないことを確認の後、輸出者に手形代金を支払う
⑬通知銀行は、書類一式を開設銀行に送付
⑭開設銀行は、書類入手後、通知銀行（買取銀行）に対して手形代金を支払う
⑮開設銀行は、輸入者に書類の到着を通知
⑯輸入者は、開設銀行に対して手形代金の決済をして、船荷証券（B／L）を入手
⑰輸入者は、B／Lを船会社に提出
⑱船会社は、B／Lと引き換えに貨物の受取に必要な荷渡し指図書D／O（Delivery Order）を発行する
⑲輸入者は、通関業者に荷渡し指図書と必要書類を提出する
⑳依頼を受けた通関業者は、輸入申告書を作成して、税関に対して輸入申告手続きを開始
㉑申告に基づき、税関は書類を審査（時によっては現品検査）し、輸入許可証を発行
㉒通関業者は、輸入許可証と荷渡し指図書を船会社に提出
㉓船会社は、書類の確認後貨物の引渡しをする
㉔通関業者は、貨物を輸入者の指定された場所に配送

輸出入取引の全体の流れ

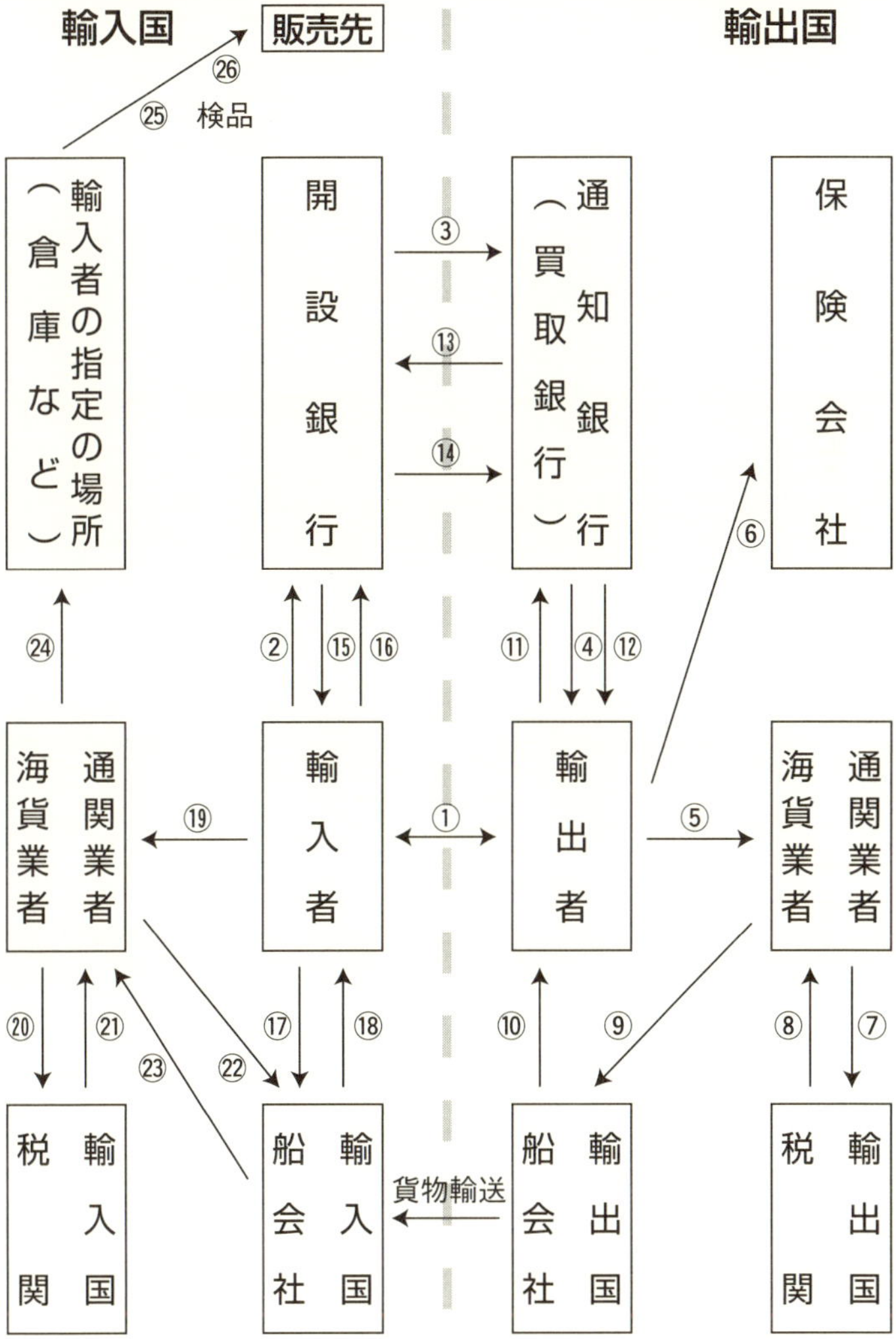

※通知銀行と買取銀行は、本来は別でもかまわないが実務的には同じ場合が多い

㉕貨物を受け取った輸入者は、できるだけ早く検品をし、問題がある場合は保険会社、通関業者、メーカー、輸出者などに連絡。その後の対応に入る
㉖検品後、特に問題がなければ国内販売や納品を開始

0-3 輸出入取引にかかわる法律・規制を知ろう

日本は現在、輸入も輸出も原則自由が基本になっています。

ただし、現実的には「外国為替及び外国貿易法」「輸出入取引法」「貿易に関わる国内諸法規一覧」「ワシントン条約」「ワッセナー・アレンジメント」などの国際条件・協定によって、一定の制限がもうけられています。

これらの法律や規制を守らなければ、貿易自体ができません。違反すれば、懲罰の対象になる場合もあります。

ですから、自社分野に関連する前記法律・規制などは、事前に調査・確認をしておかなければなりません。

たとえば、医薬品を輸入する場合には、薬事法により事前に厚生労働省から輸入製造・販売業の許可、製造業、そして輸入しようとする品目ごとの承認、ならびに許可を取得しておかな

ければなりません。

なお、輸出入個別の法律・規制については、それぞれのパートでみていくことにします。

0-4 輸出入取引に必要な書類を押さえる

まず、輸出入取引で必ず必要になる「船積書類」について、みてみることにしましょう。

輸出入取引において代金の決済方法には、大きく分けて「荷為替手形」を使う方法と、銀行からの「送金」によって決済する方法の2通りの方法があります。この2通りの方法のいずれにも必要なものが「船積書類」です。

代表的なものは以下のとおりです。

①商業送り状（インボイス）
輸出者によって船積された貨物の明細書であり、代金の請求書であり、納品書であり、船積案内書でもあるといった、実に多面的な性格をもつ重要な書類です。

主な記載事項は次の通りです。
・輸出者名と住所

・輸入者名と住所
・インボイスナンバー
・インボイスの作成日
・商品名
・数量
・単価
・合計金額
・貿易条件
・本船名
・信用状の番号

②船荷証券（B／L：Bill of Lading）
船積完了時に、船会社が貨物を受け取ったことを証明する書類として、輸出者に発行する証券。輸出者にとっては、船荷証券を入手しないと代金回収に取り掛かれず、また輸入者にとっても船荷証券を入手しないと貨物を引き取れないため、船荷証券は貿易取引の中でもっとも重要な書類になっています。

では、その役割をみてみましょう。

・船会社が貨物を受け取った証拠としての貨物の受取証
・船会社が貨物の運送を請け負ったことを示す運送契約書
・船荷証券の所持人だけが貨物を引き取ることができる権利証券
・裏書きされることによって転売可能な有価証券

以上のようにさまざまな役割をもつ書類です。

特に注意すべきは、たとえ輸入者であっても船荷証券と交換でなければ、貨物は引き取れないというところです。輸出者がもっている船荷証券が、どのような経緯で輸入者にわたるのかは後述します。

③包装明細書

包装明細書は、貨物の梱包状態や梱包形態を記載した書類で、梱包明細書ともよばれ、貨物の荷印が記載されます。

主な記載事項は以下のようなものがあります。

・輸出者名と住所
・商品名

・数量
・輸入者名と住所
・作成日
・ネットウェイト
・グロスウェイト
・ケースウェイト
・合計数量
・インボイスナンバー
・ケースナンバー
・本船名と船積日

④海上（航空）保険証券

海上（航空）保険とは、船舶・航空機自体の沈没・墜落、破損や貨物の紛失、滅失、損傷など輸送中のリスクをカバーする保険です。

記載される事項は以下の通りです。

・被保険者

・商品名
・数量
・保険金額（ＣＩＦ価格の１１０％）
・保険期間
・担保条件
・船名（航空機の便名）
・出港（出発）予定日
・航路
・積、揚港名（離着陸空港名）

ざっとこれらが代表的なものです。それぞれの詳しい内容については、あらためてご紹介をしていきます。

0-5 契約の基本を知ろう

契約は、口頭でも成立します。

しかし、国内取引でもトラブルはおきるのですから、海外取引の場合、のちのちのトラブルを防ぐためにも、文書による契約書を取り交わす必要があります。

契約書は売主、買主のどちらかが作成して、双方で署名し、各々その1通を保有します。

契約書の形式はさまざまですが、以下の二つのパターンが代表的です。

1．輸入者が作成する場合

注文書（Purchase Order, Order Sheet）、もしくは購入契約書（Purchase Contract, Contract of Purchase）を輸出者に送付し、署名後返送する方法。

2．輸出者が作成する場合

注文請書（Confirmation of Order, Sales Note）、もしくは販売契約書（Sales Contract）を輸入者に送付し、署名後返送する方法。

どちらが作成するかにかかわらず万が一のトラブルのために、原本もしくは副本を保管しておきましょう。

0-6 トラブルがおこったら

海外取引に限らず、ビジネスにさまざまなミスやトラブルはつきものです。お互いに十分に気をつけたつもりでも、発生することがあります。問題は、不幸にしてトラブルが発生した場合いかに迅速に解決していくかです。

考えられるトラブルには以下のようなものがあります。

・納期遅れ
・品質不良
・数量不足
・輸出入規制　etc.

トラブルの中でも、責任を追及すべき相手が特定されている場合は、その相手に損害の賠償を提訴（クレーム）して、損害補償をしてもらうことになります。輸出者サイドに立った場合は、製造・出荷の遅延と船舶（航空機）の遅れによる納期遅れに注意しましょう。

また品質・数量に関しては、契約書の裏面の一般取引条件にクレーム提起を制限しておく必要があります。たとえば品質に関しては到着から10日以内もしくは30日以内の通知を義務付ける。数量に関しては10％程度の増減を認めさせるなどのてだてが考えられます。

一方、輸入者サイドに立った場合多発するクレームには、品質不良、船積み遅延があります。これらの原因は、輸出者の認識の甘さに起因しています。

特に日本との取引がはじめての輸出者は、日本側の厳しい品質基準や厳格な納期についての認識がないためにおきるものです。ですから、事前に輸出者に対して、これらの重要性を、十分に周知徹底させるべきでしょう。

そしてなおかつ、契約書にはクレーム条項を明記して、相手にことの重要性を理解してもらうようにすることが必要です。また軽いペナルティ条項を盛り込んでおくことも一策です。

それでも、万が一クレームが発生した場合、どのように解決していくのかをみてみましょう。大きくわけて次の五つの方法があります。

1．双方の話し合いによる和解

基本は双方の話し合いで、円満に解決をはかるのがベストです。クレームが発生した場合、即座に輸出者に連絡をします。

その際、公正な第三者の検査報告書を添付するとより客観性がでます。そして、同時に解決案を提示し、話し合いをします。

具体的な解決策としては、今後の長い取引を考慮して目をつぶるか、交換をしてもらうか、もしくは値引きをしてもらうなどが考えられます。実務レベルでは、もっとも現実的です。

しかし不幸にも話し合いで解決しない場合は、以下の方法によることになります。

2．斡旋

商工会議所などの公正な第三者に、双方がそれぞれ十分な証拠などを提出して、解決をはかる方法です。

3．調停

双方が同意して選出した公正な第三者、日本では国際商事仲裁協会、国際機関では国際商業会議所仲裁裁判所に調停を依頼します。しかしその調停案は双方が同意しなければ、法的拘束力をもちません。

4．仲裁

仲裁は、調停の場合と同様双方が同意した機関や主要国の仲裁機関、商工会議所に解決を依頼するものです。双方がそれぞれ意見を述べた後に仲裁人が下した裁定は法的拘束力をもちます。

5. 訴訟

紛争解決の最終手段です。相手方の同意も不要で一方的に提訴することが可能です。しかし、訴訟にかかるお金、時間などのコストを考えた場合一般的ではありません。よほどのことがない場合は、おすすめしません。

第1章

輸入取引のしくみと流れ

貿易部オフィス

一通り輸入取引の流れを、大須賀先生の本でおさらいした渡部君。

足立先輩と全体の流れについての確認です。

渡部「足立先輩、昨日は、朝方までかかって取引の流れを今回の依頼に沿ってシミュレーションしてみました」

足立「やるわね。じゃちょっと話してみて」

渡部「了解です。まず輸入の場合は、国内のニーズを発見することからスタートします。今回の場合は、すでに久保木さんからニーズは押さえていますので、次のステップのどこで探すかが問題になると思うんです」

足立「そうね」

渡部「次に見つけたら相手が信用できるかどうかを確認します。大丈夫なようであれば、取引の申し込みをします。ですよね?」

足立「そう。いい感じね」

渡部「そして取引条件をネゴ（交渉）して契約に入る。この際重要なことは、うちで契約書を作成すること」

足立「そうそう」

渡部「契約が成立したら、支払い条件に応じて信用状の開設を依頼する。保険がつかない契約の場合は、保険をかけることを忘れない。そして商品が届いたら、通関を依頼して、代金の決済後に商品を引き取る。こんな流れですかね？」

足立「そうそう。だいぶ端折ったところもあるけど、基本はきっちり押さえてあるわね。ＯＫよ。渡部君。しいていえば、国内法のチェックが抜けたけど、今回の場合は、当てはまらな

いと思うからいいわ。でもこの国内法については、あとで説明するけど要注意よ」
渡部「あっ、そうですよね。今回は問題ないですよね?」
足立「今回は問題ないと思うわ」

1-1 輸入取引の流れ

まずは輸入取引の全体を、ざっとみていくことにしましょう。

全体の流れを最初につかむことによって、実務レベルで必要なポイントが見えてきます。輸入取引のフローチャート図を参照しながら確実に押さえていきましょう。

①市場調査(マーケットリサーチ)
日本でのニーズ・ウォンツをさぐり、今なにが求められているかを調査する
②輸入商品の決定
市場調査に基づき、日本市場で需要のある商品を選定する
③法的規制のチェック
選定した商品が、日本に輸入可能かどうかチェックする

④輸入先（取引先）の発掘
選定した商品群を、取り扱っている輸出業者を見つける
⑤輸出先の信用調査
安心して取引できる業者かどうかを調査する
⑥輸入先（取引先）への取引申込み
先方に輸出可能かどうか、条件の問い合わせをする
⑦サンプルのオーダーをする
品質・機能などの確認のため、サンプルを取り寄せる。このサンプルは、本オーダーの際の品質照合サンプルにもなるので、大事に保管する
⑧輸入条件交渉
サンプル受領後に実商談、再度の市場調査によって、価格などの輸入条件を交渉する
⑨契約の締結
お互いに合意に達したら、契約を交わす
⑩信用状（L／C）開設依頼
取引条件が信用状取引の場合は、輸入者は取引銀行に信用状の開設依頼をする
⑪外航貨物海上保険契約

取引条件がＥＸ ＷＯＲＫＳ（工場渡し条件）、ＦＯＢ（本船渡し条件）の場合は輸入者側で手配する

⑫代金決済
取引条件により、送金・Ｌ／Ｃ決済を行う

⑬船積書類受領
代金決済後輸出者、もしくは銀行経由にて通関に必要な書類を入手する

⑭輸入申告
通関業者に船積書類を送付して、輸入を通関に申告する

⑮貨物の引き取り
通関が完了したら貨物を引き取る

⑯国内販売
各販売チャネルで国内販売をする

いかがでしょうか。
なんとなくイメージできたでしょうか。

輸入取引のフローチャート

①　市場調査（マーケットリサーチ）
②　輸入商品の決定
③　法的規制のチェック
④　輸入先の発掘
⑤　輸入先の信用調査
⑥　輸入先への取引申込み
⑦　サンプルオーダー
⑧　輸入条件交渉
⑨　契約の締結
⑩　信用状（L／C）開設依頼
⑪　海上保険契約
⑫　代金決済
⑬　船積書類受領
⑭　輸入申告
⑮　貨物の引き取り
⑯　国内販売

輸入の全体の流れチェックシート

1　商品発掘 （ニーズ・ウォンツを前提として）	・海外ルート 海外見本市、インターネット、通販、業界紙 ・国内ルート 国内で開催される国際見本市、商工会議所、大使館、ジェトロ、ミプロ等
2　法的規制の確認	・許可、承認が必要な品目・地域の確認 ・検査が必要か否か。必要な場合は手続
3　輸入の契約	・海外のサプライヤー（メーカー、輸出業）と締結 ・国内の販売業者と締結
4　支払い ・信用状 ・送金	・取引銀行に信用状の発行の依頼 ・先払いか後払いか
5　船腹・航空輸送の手配 保険契約 （契約条件に応じて）	・船会社（通関業に依頼） ・航空会社（航空貨物取扱業者に依頼） ・損害保険会社に依頼
6　輸入通関手続	・関税の支払い ・消費税の支払い ・輸入に関するさまざまな規制をクリアー（植物防疫法、薬事法、食品衛生法など）
7　国内配送 （引き取り）	・通関業者により代行

1-2 輸入で知っておきたい法律と規制

販売を目的として輸入を行う場合は、その輸入しようとしている商品の輸入や販売が、規制されていないことを事前に確認する必要があります。港には着いたものの、通関できないなどということが、おこり得るからです。

輸入に関する基本的な法律は、「外国為替及び外国貿易法」（略して外為法とよばれる）「関税定率法」などがあります。

では、実際どんなものがあるのかチェックしてみましょう。

◆輸入禁制品

関税定率法では、麻薬、拳銃、公序良俗に反する書籍、偽造紙幣、特許・実用新案・商標・著作・意匠権などの知的財産を侵害する商品は輸入自体が禁止されています。

◆輸入割当て・輸入承認品目

外為法では、非自由化品目として、近海魚、たらこ、のり、こんぶなどの海藻などは輸入割当て、鯨、くろまぐろ、さけ、ますなどは承認を必要とします。

◆国内法の規制

また輸入品は、国内法によっても規制を受けます。代表的なものは、輸入時に許可、承認などの規制がされる「薬事法」「家畜伝染病予防法」「酒税法」「火薬類取締法」「食品衛生法」「植物防疫法」などがあります。

国内流通、販売時には、「電気用品安全法」「消費生活用製品安全法」「消防法」「船舶安全法」「家庭用品品質表示法」などに基づく届出、表示、検査が必要となります。

実際に輸入するときには、必ず関係省庁や税関に確認するようにしましょう。

◆ワシントン条約で保護されるもの

絶滅のおそれがある動植物、約32500種類が、それぞれの絶滅のおそれの度合いによって、輸入規制の内容が定められています。

保護が必要とされる動植物を絶滅の危険可能性に応じて、附属書によって三つの区分に分けられています。

該当する動植物は、生きているものだけではなく、これらの加工商品も対象になっています。たとえば、該当動物のコート、ハンドバッグ、ベルト、靴、漢方薬などがそれにあたります。

ワシントン条約で保護されるもの

	どんな生き物が附属書に載っているの？		どんなふうに取引が制限されるの？
附属書I	現在すでに絶滅する危険性がある生き物	アフリカゾウ、インドゾウ、コウノトリ、オジロワシ、ジャイアントパンダ、トラ、ゴリラ、オランウータン、シロナガスクジラ、タンチョウ、タイマイ、オオサンショウウオ、ウミガメ科の全種など約900種の動植物。	商業のための輸出入は禁止される。学術的な研究のための輸出入などは可能であるが、輸出国と輸入国の政府が発行する許可証が必要となる。
附属書II	現在は必ずしも絶滅の恐れがあるわけではないが、将来、絶滅の危険性が高くなるおそれがある生き物	タテガミオオカミ、カバ、ホッキョクグマ、ヘラサギ、コハクチョウ、ヤイロチョウ、カメレオン、ウミイグアナ、トモエガモ、ケープペンギン、野生のサボテン科の全種、野生のラン科の全種など、2003年現在約32,500種の動植物（ただしサボテン科とラン科の植物は附属書Iのものもある）。	商業目的の国際取引は可能だが、輸出入には、輸出国の政府が発行する許可証が必要となる。
附属書III	その生き物が生息する国が自国の生き物を守るために、国際的な協力を求めている生き物	ボツワナのアードウルフ、グアテマラのコアリクイ、インドのオコジョ、ハクビシン、カナダのセイウチ、ガーナのコガモ、オナガガモ、ボリビアのオオバマホガニーなど約300種の動植物。	輸出入する場合には、輸出国の政府が発行する許可証、もしくは原産地証明証が必要となる。

第 2 章

輸入取引のはじめ方

ここは大須賀アドバイザーのオフィス

足立「昨日、木戸部長と取引先の選定について話し合いをしたのですが、納入まで6ヶ月ということを考えた場合、どうしたらいいのでしょうか。先生の意見もお聞きしたいと思って伺いました」
大須賀「そうですね。発掘からはじめるとすれば、タイトなスケジュールですね」
足立「そうなんです」
大須賀「一番効率的なのは、海外の国際見本市に行って、実際見て探すことなんですけどね。特にソファ類だと実際の大きさ、すわり心地、風合いなんかも確かめなくてはいけないですからね」
足立「そうですね。木戸部長からも展示会に行ってこいと言われているんですが、私たち二人だけじゃ心もとなくて。ねぇ渡部君」
渡部「はい。とっても不安です」
足立「先生に同行していただけたら、心強いんですけど」
大須賀「そうですね。わかりました。じゃ木戸部長と話をしてみましょう。ちょうど、来月にスペインのバレンシアで、今注目の家具の国際展示会が開かれます。そこに行きましょうか」

足立「スペインですか。久保木さんのテイストにぴったりな感じだわ。先生、それはどんな展示会なんですか?」

大須賀「バレンシア国際家具見本市っていってね。ヨーロッパの、プロのインテリア関係者の間では注目株といわれています。アラブの王室やロシアの富豪、ヨーロッパの富裕層などのハイエンドを多数顧客にもつインテリアブランドが多数出展しています。一度は訪れたい展示会ですね。実際目にすると、ある種感動ものですよ」

足立「わぁ素敵。いいですね先生。ねぇ渡部君」

大須賀「とにかく独特の雰囲気なんだ。展示ブースの中に、バーやレストランまで備えている出展者まであるからね。そのホスピタリティは、学ぶことも多いですね。食を愛するスペインらしさを感じますね」

渡部「いいですね。ぜひ行きたいです」

大須賀「よし、決まりですね。それぞれ準備にかかりましょう」

2-1 輸入先をさがす方法

輸入ビジネスをはじめようと思ったとします。ではどこで、どのように輸入先を見つけたらいいのでしょうか。

いろいろな方法がありますが、代表的なものをみてみましょう。

◆国内外の見本市でさがす方法

輸入先を見つける方法としては、見本市に行くのがベストの方法です。

なぜでしょうか。まず第一に、現物がチェックできるということがあげられます。実際のところは、見てみないとわからないことが多いからです。

第二に、取引の相手の顔が見えるということです。これはある意味、一番重要な要素ともいえるでしょう。しょせん人間対人間ですから、相手との相性はとても重要です。最初に違和感を感じたら、ちょっと注意が必要です。後々のトラブルになる可能性が高いからです。

見本市には、国内で行われる国際見本市と海外で行われる海外見本市があります。それぞれどんな特徴があるのでしょうか。

国内からみていきましょう。

国内の見本市は、なんといっても手軽です。これからはじめようとする人にとっては、うってつけです。入場料も比較的安価ですし、事前にＨＰなどに登録をしておけば無料の招待状を送ってくれることも多いからです。

実際の海外の見本市に出かける前の実体験の場としての活用もいいでしょう。

逆にデメリットはなんでしょうか。

それは、国内において競合が多くなると予想されることです。国内において見本市が開催されるために、多くの日本人バイヤーに露出されるからです。

次に、海外の見本市でさがす方法です。

多少の時間とコストを必要としますが、もっとも効果的で、おすすめできる方法です。

海外の見本市は、各メーカーが新たに開発した新作を出展してきます。新作を、しかも競合も少なく発掘することが可能になります。メーカーによっては、独占販売権の交渉に応じることもあります。

繰り返しますが、なにより相手先と面と面をつき合わせて、しかも現物を確認しながら商談ができることが最大のメリットです。

インターネットの普及により、オンラインでの交渉も可能になりましたが、相手の顔が見えるということは、やはり重要なことです。人間は、なにかあったとき、相手の顔が浮かぶとそんなにひどいことはできないものだからです。

◆インターネットで相手をさがす

Yahoo! や Google などの検索エンジンを使って、輸入したい商品の情報、輸出業者、メーカーをさがす方法です。

検索サイトの製品検索で、輸入したい商品のジャンル、たとえばドイツからおもちゃを輸入したいのであれば「Toy Manufacturer Germany」と入れてみてください。

この場合大事なキーワードは「Manufacturer」です。日本語に訳すと、製造者・メーカーとなります。これを入れないと、ネットショップや小売のサイトが出てきてしまうからです。

また、輸出入を促進する貿易関連団体、たとえばジェトロ（日本貿易振興機構）のＨＰでは、国際的なビジネスパートナーのマッチングサービスを提供しています。海外からの売り込み案件も充実しており、一度訪れてみると思わぬ発見があるでしょう。

◆各国の在日大使館商務部、政府機関で相手をさがす

対日輸出に熱心な主要国は、日本にさまざまな機関を置いて自国商品の輸出促進に力を入れています。

これらの機関のＨＰをのぞいたり電話をして、こんな商品をさがしていますといった要望を伝えておけば、優先的に情報を流してくれます。地味な方法ですが、有効です。

◆海外の通販カタログでさがす方法

欧米では、日本と比較して通信販売が発達しています。大多数は一般の消費者に向けてのカタログですが、なかには、卸売業者を対象にした、専門のカタログを用意している業者があります。

また、消費者向けの業者であっても、数量や条件によっては卸売りに応じてくれるところもあります。

海外のカタログは、現地での小売価格を知ることができるので、日本での値付けの参考になります。

◆海外のショップでさがす方法

海外に出かけたときに、興味のあるショップを巡り、そこで見つける方法です。現地ではヒットしているのに、日本にまだ入ってきていない商品は要チェックです。そういった商品を見つけたら、パッケージに記されているメーカーの連絡先に、ダイレクトに連絡して可能性をさぐります。

◆海外の雑誌でさがす方法

最近では、海外に行かなくても、大型の書店では海外の雑誌のコーナーが充実しています。そこで海外ではやっているものをチェックします。

特に広告は注目です。同じ分野の雑誌を2〜3誌チェックして、同じ広告があった場合は有望です。日本でもヒットする可能性があるからです。

また、できれば同じ雑誌のバックナンバーを3ヶ月分くらいチェックしてください。毎月掲載されているようなら、そのメーカーには即座に連絡を入れてみる価値ありです。

ここはバレンシア国際見本市会場

大須賀「さぁ到着だ。事前の出展者リサーチはできていますか？」

足立・渡部「はい。来る前に主催者のサイトから、何社かピックアップしておきました」
大須賀「さすがですね。限られた時間を有効に活用するためには、必要な手順ですからね」
渡部「はい、それから先生、ソファ類には、輸入規制はないですよね。一応調べてはおきましたが」
大須賀「そうですね。基本的には問題ありません。布地にワシントン条約に触れるものなどが使われていれば別ですけどね」
渡部「えっ、なんですか。ワシントン条約って？」
大須賀「簡単にいうと、絶滅の恐れがあるとされた動植物またそれらの動植物を原料としたものの輸入は、国際条約によって禁止されてるんだよ。このほかにも外為法、関税定率法、貿易にかかわる国内諸法規などによって、規制や禁止されるものがあります。今回の場合は、関係ないと思いますが、確認はしておきましょうね」
渡部「ふぅー、いろいろあるんですね。僕にできるのかな」
大須賀「大丈夫ですよ。私だって全部覚えているわけじゃありませんよ。そのつど確認することが重要なんです」
足立・渡部「はい、それを聞いて少し安心しました」

2-2 商品の選び方

■商品の選定基準

商品を選定する場合に、考え方は二つあります。

一つ目は、品質、機能性、新奇性、差別化などを重要視して商品を選定する方法です。具体的には、次のようなものがあります。

・特許、意匠などの知的財産権がらみのもの
・その国独自の文化の香りのするもの
・外国ではヒットしているのに、日本にはないもの
・ちょっとしたアイデア商品
・機能的に便利で、使い勝手のよい商品
・デザイン・カラーなどが日本向きにつくられたもの
・特定のニッチマーケットに向けた商品

二つ目は、輸入国との物価や労賃の格差を利用して、日本での売れ筋商品を、輸入国から見

つけ出す方法です。

なにか新しい特殊なものというよりは、消費者が反復して買うような、生活に根ざしたベーシックな商品は、この方法がとても有効です。また、質的には最良とまではいえないかもしれなくても、品質のわりには価格が安い割安商品もこの方法になります。

いずれの場合も、価格を重要視した商品選定といえます。

二つのどちらの方法を選択する場合でも、基本的には自分の専門分野、もしくは愛着がある分野の商品を選定しましょう。

もし、自分に知識のない分野の商品を扱う場合は、事前に市場調査や顧客の研究を十分に行ってから輸入するようにしましょう。

■商品選定の際の事前調査

商品選定をする際に、もう一つ重要なことがあります。

それは、商品によっては、輸入販売をするための許可や、商品ごとに許可が必要なものもあるということです。

たとえば、化粧品、医薬品などを輸入販売する際には、薬事法により輸入の製造・販売の許可が必要になります。

また、酒類の販売については、酒税法により酒類販売業の免許が必要になります。この免許がない場合は、輸入はできても国内の販売ができないので注意が必要です。

このように、品目ごとの規制、手続きについては、事前に所轄官庁や税関に問い合わせをして、必要事項を確認しておきましょう。

そして二日後、会場のレストラン

渡部「先生、ありがとうございました。なんとか二社と交渉ができました。商品は決まったので、あとは資料を持ち帰って、久保木さんに報告して進めていけばいいですね」

大須賀「本当によかったですね。でも問題はこれからです。久保木さんが現物を見たいといったときのことも考えて、サンプルの取り寄せも必要になるかもしれませんね。そのときのための下話を、明日にでも輸出者にしておきましょうね」

渡部・足立「はい、お願いします」

大須賀「そして独占販売権についても、可能性をさぐっておきましょう」

足立「わかりました。先生もご一緒してくださいますね」

大須賀「もちろんですよ。そのために来たのですからね」

2-3 輸入取引の申込み方法

相手を見つけ、国内の諸規制、法律をクリアできる見通しがついたら、相手に対して取引の申込みをします。

具体的には、商品のカタログや価格表の送付を依頼します。相手の取引商品の詳しい情報を入手するためです。

この際、カタログなどの送付依頼は一ヶ所だけでなく、複数の業者にお願いしましょう。相手によっては、日本への輸出を考えていない場合や、メールの送受信さえできない可能性もあるからです。複数の業者に依頼することにより、比較検討して、ベストな相手を選べるという利点もあります。

インターネットの飛躍的な発展により、各メーカーもWebサイトの充実をはかってきています。カタログについてもWebで見ることも可能になってきましたので、その点もメーカーに確認します。

この依頼メールのポイントは次の三つです。

サンプル依頼の例

Dear Sirs,

We are the importer of gift items in Japan and are interested in your products, which appears on your website.

Please let us know what color and design variations are available for the latest model.

Since we deliver a various collection of gift items to each store, it is necessary for us to prepare a wide selections of spoons in different colors and designs.

If your items suit the needs of Japanese customers, we would be able to place an initial order with you ASAP.

We would also appreciate it if you could send us some samples so as to check the quality.

We would be grateful for an early reply.

Best regards,

Yuh Ohsuka

拝啓

私どもは、日本のギフト関連の輸入業者でございますが、御社のHP掲載の商品の購入を考えております。

最新版アイテムの可能なカラー、デザインのバリエーションをご教示ください。

私どもは各お店にいろいろな商品を提供いたしておりますので、多数の色とデザインの幅広いアイテムのスプーンを用意しなくてはなりません。

御社のアイテムが日本のお客様のニーズにあえば、すぐに初回のオーダーをいたしたく考えております。

品質をチェックしたいのでいくつかサンプルを送ってくだされば幸甚です。

早めのお返事を心よりお待ちいたしております。

敬具

①どのような経路で相手を知ったのか
②どういった商品に興味があるのか
③自分はどのような業界のどういう会社なのか

要するに、こちらをアピールして、相手にメリットを感じさせ、カタログ送付という行動をおこしてもらうことが目的なのです。

カタログと価格表を入手して、これだと思ったら、次はサンプルの送付依頼です。

2-4 サンプルを輸入する方法

見本市、もしくはネットで商品を見つけてこれだと思ったら、直ちにサンプルオーダーに入りましょう。

サンプルは、品質や機能を確認するために必要不可欠なものです。必ず取り寄せましょう。

また、後々、本オーダーしたときの照合サンプルとしても必要になります。さらに、輸入予定商品の市場での反応、もしくは売り先との商談の際にも、サンプルを持参する方が成約に結びつきます。

単なる見込み発注で、最初から本オーダーをかけていくのはおすすめできません。ある程度、

サンプルオーダーのE-Mail見本と訳

Dear Sir

Based on your quotation of June 19 2009, we would like to place a sample order with you as follows;

Description	Quantity
Photo frame T-1	3pcs
Photo frame T-3	3pcs
Photo frame T-4	3pcs

Please send them by air freight to our office in Fukushima. Thank you in advance for your cooperation, and look forward to receiving above samples as soon as possible.

Best regards,
Yuh Ohsuka

（訳）

拝啓
御社から2009年６月19日付にていただいた見積書に基づき、以下の商品をサンプルオーダーいたしたいと思います。

商品	数量
写真立て T-1	3
写真立て T-3	3
写真立て T-4	3

福島の事務所に空輸便にて発送ください。
できるだけ早めの発送をお願いするとともに感謝いたします。

敬具

試験的に前発注をしてからスタートすべきでしょう。

商品によっては、日本での法規制を、事前に確認しなければならないものもあります。輸入に際して、検査や成分の分析、または許可、届出の必要なものもあるからです。

サンプルを輸入する際は、通常輸出者からインボイス（請求書）が届いたら、商品代金と送料をカード決済、もしくは送金をして、到着を待つことになります。

通常、サンプルは有料なのですが、話し方しだいでは無料になることがありますので、ぜひ交渉されることをおすすめします。サンプルを無料にする方法は、拙著『初めてでもよくわかる　輸入ビジネスの始め方・儲け方』（日本実業出版社刊）に詳しいので興味のある方はそちらをご参照ください。

コラム2　スパニッシュな昼下がり

スペインと聞いて何を思い浮かべますか。

闘牛（ふんふん）、フラメンコ（いいですね！）、アルハンブラ（エキゾチック！）。

人によって思い浮かぶものは、いろいろありますよね。

私が、最初にスペインを訪れたのは、忘れもしない今から31年前のことです。当時、大学生であった私は、ヨーロッパ放浪の旅1ヶ月のうちの半分を、スペインで過ごすことになったのです。

ロンドンからマドリッドに入り、バスと列車にゆられながらトレド、セビーリャ、コルドバ、グラナダ、バレンシアと忘れることができない思い出とともに各地を徘徊しました。

特に南スペインのアンダルシア地方の異彩を放つ趣は、私のその後の人生を決定づけました。おそらく、あのときからジェトロ認定貿易アドバイザーへの遠くて長い道程がはじまったような気がします。

今と違ってあの当時のスペインは、マドリッドでさえもほかのヨーロッパ諸国と比較して治安がいい国でした。

住む人々もおだやかな人が多く、当時われわれ東洋人は田舎に行くと非常に珍しがられ、子どもたちは遠まきにしながら、口々に「チノチノ」とささやきながら私を見たものです。

こっちはなんのことやらさっぱりわからず、それが「中国人」を意味するスペイン語だとわかったのは、ずっと後の訪問のときでした。

世界中でブルース・リー（若い方は知らないかもですね）のカンフー映画が大ブレイクしていて、それは当時のスペインでも例外ではありませんでした。

私が黒いマンボズボン（スリムのジーンズのことです。今でも販売されてるのでしょうか？）をはいているものですから、それがブルース・リーのチャイニーズパンツに見えたことと、東洋人であるということだけで空手使いと思われたようです。

負けん気の強い子どもに勝負をいどまれ、引くに引けなくなってしまって、できもしない空手のふりをしたことは今でも思い出すだけで赤面します。アルハンブラ宮殿にうっとりしているときでした。若かったからできたんでしょうね、多分。

比較的安全だといわれていたスペインの中でも、危険だから近づくな！　といわれていた地域に、ジプシーの居住地がありました。

そこには、丘の斜面をくりぬいてつくられた、文字通り、洞窟居酒屋のようなものが多く散在していました。中に入ると電気はなく、ランプの灯りだけ。

夢の中のようでした。向こうでいうバル（ＢＡＲ）とは、ちょっと雰囲気の違った、独特の妖しさがある場所でした。

そこで、ジプシーたちが踊っていたフラメンコは、今でもまぶたに焼きついて離れません。商業用の見世物じゃない自分たちの楽しみ、そしてやるせなさをぶつけるかのような激しさ。情熱の国スペインという真意を理解した瞬間でした。

現在では、バレンシアにあるメーカーとの取引でスペインを訪れています。取引先のメーカーの窓から見える景色は、一面のオレンジ畑。温暖な気候と相まって、シエスタの意味を膚で感じることができます。

取引先の社長と輸出部長のカルメン女史との昼食をとりはじめたのが午後2時。たくさんの料理とワイン……。終わったときは午後5時でした。まぶたが重いにもかかわらず、バレンシアの太陽が燦々と降り注いできます。その日は真っすぐホテルに送ってもらって、シエスタを楽しみました。

「僕らスペイン人は働くために食うんじゃない。食って楽しむために働いてるだけさ」

こういってウインクする彼らの笑顔に会いに、私はまた彼の地を訪れることでしょう。いくどとなく……。

そして日本に帰国後、村上物産貿易部オフィス

（電話にて）

渡部「先生、例のソファ決まりました。久保木社長は大喜びですよ。ありがとうございました。先生のおかげです」

大須賀「よかったですね。渡部さんの初仕事ですから成功させないとね。じゃ、次は輸出者

から、念のため再度見積り書を取り寄せてください。価格が変更される場合もありますからね」
渡部「プロフォーマインボイス（proforma invoice）のことですね」
大須賀「よく勉強してますね。そうです。大事なステップですよ」
渡部「えへへ、そういってもらうと嬉しいです。先生の本で特訓しましたから」
大須賀「そのときに、一緒に独占販売権の締結についても話してください。会場で内諾はもらっていますが、正式に俎上《そじょう》にあげておきましょう。ＯＫが出次第契約にもっていきましょう」

2-5 見積り書を取り寄せる方法

サンプル商品の品質確認と見込み客との商談、市場調査の後は、いよいよ本格的な輸入業務に入ります。

その段階で、希望購入数量、希望の納期、その他の条件を示して再度相手に見積りを請求します。相手によっては、発注数量や条件によって価格が変更する場合もあるからです。

この見積り書の要求を「Proforma Request」といい、相手が送ってくる見積り書を「Proforma

① **Yunsheng Home Decor (Hangzhou) Co, Ltd.**

Sale to:	Maruo
Contact person	YUH OHSUKA
E-mail:	
Tel:	0081-242-25-×××××
Fax:	0081-242-25-×××××

②

③

Quote for Customer

④ Item #	⑤ tem Description	⑥ Catalog year classification	⑦ Item Size	⑧ Carton size (L*W*H)(CM)	⑨ Total units in a Carton(Piece)	⑩ FOB Factory Price (US$)
9999-205	Heirloom Fabric, 58" Wide	6F-YSH-Home	58"Wide	0.0800	40	**$6.00**
9999-206	Heirloom Dot Fabric, 58" Wide	6F-YSH-Home	58"Wide	0.0800	40	**$6.00**
9999-207	Windsor Fabric, 58" Wide	6F-ACG-Home	58"Wide	0.0800	40	**$6.00**
9999-211	Siena Fabric, 53" Wide	6F-ACG-Home	53"Wide	0.0800	40	**$6.00**
9999-217	Chelsea Fabric, 57" Wide	6F-ACG-Home	57"Wide	0.0800	40	**$6.00**
9999-230	Vale	G-Home	55"Wide	0.0800	40	**$8.50**
9999-270			57"Wide	0.0800	40	**$6.00**
9999-27			Wide	0.0800	40	**$6.00**
9				0.0800	40	

中略

	Santiago Fabric, 58" Wide	6F-ACG-				
	Mozambique Fabric, 56" Wide	6F-ACG-Home				
380	Kimono Fabric, 56" Wide	6F-YSH-Home	56"Wi			
9999-381	Kimono Diamond Fabric, 56" Wide	6F-YSH-Home	56"Wide			**$6.00**
9999-390	Avalon Fabric, 58" Wide	6F-ACG-Home	56"Wide	0.0800	40	**$6.00**
9999-412	Bordeaux Fabric, 55" Wide	6F-ACG-Home	55"Wide	0.0800	40	**$8.50**

⑪ **Addr: 3# Building,Huafeng Industry Economy Park,Huafeng Rd,Hangzhou,China**
Tel: 86 571 ×××××××× ext 678
Fax: 86 571 ××××××××
Contacting person: jessie yan
Website:www.yshdecor.com www.acggreen.com

⑫ **Terms and Conditions of Sale**

$20,000 minimum order. T/T (50% deposit and 50% due upon completion); Letter of Credit (LC) only acceptable when order is $30,000 or more products should be ordered in carton quantity only.buyers charge all the bank fee.
Order requiring shipments ASAP needs to provide all detail information such as forwarder information etc.
Order under L/C is required L/C application from customer with specification and full instructions
Price: *Price are FOB factory and are subject to change without any prior notice.*
Payments: *Telegraphic Transfer is required to be send to below bank information.*

Letter of Credit (LC) Bank Information
REQUIREMENTS:

輸出者からの見積り書の例

この見積り書は、きまった形はありません。輸出者ごとに異なるのが普通です。

① 輸出者名
② 輸入者情報
③ 見積り書（タイトル）
④ 商品番号
⑤ 商品の詳細など
　この例の場合は、生地の種類を表しています。
⑥ 商品の分類
　この輸出者の場合は、商品をその掲載されているカタログごとに分類しています。
　この部分は、なくとも差し支えありません。
⑦ 商品のサイズ
　ここに書かれているサイズはインチです。ちなみに1インチは、約2.54cmです。
⑧ 1カートン当たりのメジャーメント（寸法）
　1カートン（1梱包）の箱のサイズを表しています。別名メジャーメントとも呼ばれているものです。このメジャーメントによってコンテナにどのくらいの量が積めるのか、また運賃算出の基礎にもなる重要な情報です。
⑨ 1カートンの入り数
　この場合は、1カートンに40個はいることを示しています。
⑩ 価格条件
　この中国の輸出者は、本社がアメリカです。ですからこの場合のFOBは、アメリカ式のFOBです。一般的貿易条件でいうEX WORKS（工場渡し）に相当する条件であることに注意しなければなりません。
⑪ 輸出者情報
⑫ 相手の希望する貿易条件
　「ミニマムオーダー（受注最低引き受け単位）は20,000米ドル。支払は電信送金（50%は手付金、残額の50%は船積後払い）。L/Cは、30,000米ドルもしくは、カートンでそれ以上の発注の場合のみ拝受。銀行諸掛は、全部輸入者持ち。急ぎの場合は、船会社や関連業者の情報を早めに連絡のこと。L/Cベースの注文の場合は、L/C申込書のフォームに正確な記述と情報の提供を必要とする。価格は工場渡し価格、なんら事前の告知なしに変わることあり。電信送金は、以下のところにされたし」と書かれています。

これは、一例です。貿易条件の中の銀行諸掛全額輸入者持ちというのは、一般的ではありません。自国でかかる部分のみの負担ということがフェアでしょう。

Invoice」といいます。

この「Proforma Invoice」には、商品の価格、取引条件、支払い条件、船積条件などが記載されています。特にトラブルになりそうな価格、船積条件（納期）、支払いについては、入念に検討する必要があります。

大須賀アドバイザーのオフィス

（渡部、少し青い顔をしてオフィスに現れる）

渡部「先生、ちょっと困っちゃいました」

大須賀「どうしました？」

渡部「実は、独占販売権の件なんですが、今になって難しいって言い出しているんです。久保木社長には、独占販売権取れそうですっていってしまっているので、どうしたらいいのか途方にくれてしまいました」

大須賀「そうですか。うーん。たぶんよそからも引き合いがあったんでしょう。わかりました。私のほうからも輸出者に再度交渉しましょう。渡部さんは、久保木社長とおおまかでいいですから年間販売計画を練ってください。セールスターゲットを示して本気さをアピールしましょう」

渡部「大丈夫でしょうか？」

大須賀「大丈夫ですよ。正念場です。がんばりましょう」

渡部「はい、お願いします」

2-6 独占販売権を獲得する方法

市場調査の結果、売れそうだと判断したら、日本におけるその商品の「独占販売権」の獲得の交渉をしましょう。

国内でのマーケティング活動には、多額のコストがかかります。苦労が実ってその商品が売れはじめたとたんに、競合相手もその商品を扱いはじめるなどということが、往々にしてあるからです。

安心して販売に注力する意味においても、この日本における「独占販売権」については、交渉すべきです。

具体的な手順は以下の通りです。

①輸出先に、一市場につき一社の輸入元に絞るメリットを理解させる

日本市場は、われわれが思う以上に狭いマーケットです。一市場にいくつもの輸入元があれば、当然競合がおこります。輸入元も、競合が多くなると、その商品に対しての販売情熱も薄れていくことになります。結果的には、輸出元にしても、一社に絞り込んでロングスパンの取引にした方が有益だということをわからせるのです。

②輸出元の商品についてプロであることをアピールする

輸出元からみれば、輸出先がどのくらい販売ネットワークをもっているかが重要になります。そのポイントを押さえてアピールすべきでしょう。

③具体的な販売目標数字、販売戦略書などを提示する

一番重要なポイントです。企業である以上、輸出元にも年間の販売計画があります。具体的な目標数字や、今後の販売計画などを示していけば説得力が増します。

④合意ができたら契約書を交わす

お互いにメリットを感じて合意に達したら、早速契約書を交わして文書として残します。もちろん口頭でも合意は成立しますが、後々のトラブルにも対応できるようにするためです。輸出元責任者のサイン付きの「Exclusive Contract」を要求して大事に保管しましょう。

大須賀アドバイザーのオフィス

渡部「先生！　やりましたよ。例の久保木インテリアさんの件なんですけど、先方が独占権について了承しました」
大須賀「そうですか！　やったじゃないですか。粘り勝ちですね」
渡部「先生のおっしゃったように、年間販売計画書を評価してくれたようです。あれが決め手になりました」
大須賀「まずは、よかったですね。久保木社長も喜ばれたでしょう」
渡部「はい、よくやってくれたってとっても喜んでくれました」
大須賀「契約書は、まだ交わしていませんね」
渡部「はい、それを先生にお聞きしたいと思って、ご報告かたがた伺いました」
大須賀「わかりました。まず契約書は、こちらで作成をしましょう。契約書はどちらが発行してもいいのですが、物事を有利に運ぶには、こちらで作成する必要があります。一緒につくりましょう」
渡部「契約書はつくる側によってそんなに違うものなのですか。どちらでもあんまり変わらないと思っていました」

大須賀「これは、とても大事な部分です。契約書には二通りあってね。輸入者が作成するものと輸出者が作成するものです。そしてそれは、おのおの自分サイドに都合のいい形にもっていくものなんです。たとえば取引価格については、輸入者側は、契約後は価格の値上げを一切認めない旨の条項を入れるべきだし、逆に輸出者サイドは、極端な材料費の高騰などがあった場合には、価格の変更をできる条項を入れたがる傾向があります。この辺は慎重にいくべきでしょう」

渡部「なるほど。まったく逆ですね」

大須賀「そうですね。えてして輸入者と輸出者の利益は相反する場合が多いですね。もちろん取引先とは、ウィン－ウィンな関係を築くことは必要なことではありますが、この辺は譲れないところですね」

渡部「深いですね」

大須賀「じゃ、早速とりかかりましょう。善は急げだ」

渡部「はい、お願いします」

2-7 有利に輸入契約書を交わす方法

契約自体は、口頭でも成立はします。しかし、後日のトラブルを防ぐ意味においても、必ず契約書類を取り交わし、お互いの義務と責任の範囲を明確にしておくべきです。

特に発生しやすいトラブルとしては以下のものがあげられます。

・品質のトラブル

日本人同士の国内取引におけるような高い品質基準は、まずありえないものと考えるべきです。見本の事前入手はもちろん、場合によっては現地での輸入者サイドの検品も必要になります。

相手をまったく信用しないような姿勢も、長い取引を前提にした場合は、芳しくはありませんが、相手の技量を見極めての対応が重要になります。

・納期遅れ

日本人は、世界でも指折りの正確さをもって仕事に臨むといわれています。事実上世界一なのではないでしょうか。

私たち日本人同士は、国内にいるとさほど感じませんが、外国人とつきあうようになると、その正確さ、まじめさを実感することになります。

外国の輸出者は、その日本人の感覚とは相容れない業者が多いのも事実です。

これを認識して、約束を守らせるにはどうするかといった発想が不可欠です。なぜなら輸入者は、輸出者が貨物を船積した後は、特殊な契約を除いては、その積まれた内容にかかわらず、支払いの義務が発生するからです。

そういったことを踏まえながら、慎重に契約書を交わす必要があります。

前段でも述べたように、契約書は輸入者、輸出者のどちらが作成してもいいことになっています。しかし、現実的には、積極的に自社の契約書書式を相手に示して、契約を進めた方が圧倒的に有利です。

なぜなら、契約書の裏面に記される一般取引条件の内容は、輸入者・輸出者の違いの立場から、自社にとって有利な条件を盛り込むことができるからです。

具体例でみてみましょう。

輸入者の立場から盛り込むべきものをいくつかあげてみます。

①価格に関する調整禁止（No Adjustment）

契約後に起きる原材料の高騰や労賃の上昇、運賃などの輸出者のコストの上昇による契約価格の調整は認めないという条項です。つまり、一度決められた価格については、いかなる理由があろうとも輸出者は変えられないというものです。

②船積期間の厳守（Shipment）
輸出者は、契約書の表面に規定された船積期限を厳守しなければならないという条項です。もし、期限を守れなかった場合は、輸入者はキャンセル、もしくは期限の延長を書面ですることができます。そして、船積遅延によって生じた輸入者の損害も、輸出者がしなければならないということを規定した非常に厳格なものです。

③契約不履行の場合の輸出者責任
輸出者がさまざまな理由で契約不履行をした場合は、輸入者は、輸入者が転売することによって得られたであろう利益と契約不履行によって被るすべての損害を請求できるという条項です。


以上が輸入者サイドで作成する場合に有利になる条項です。

ですから、当然のごとく輸出者サイドで送付してくる契約書には、これらの条項は含まれません。どうしても輸出者からの契約書で契約をしなければならない場合は、これらのものを盛り込む契約をすべきです。

契約書の内容については巻末資料①をご参照ください。

大須賀アドバイザーのオフィス

一時間後、契約書作成にとりかかった渡部君。

貿易条件は、メーカーからの希望としては、FOB（本船渡し条件）を提示されている。どの貿易条件がいいのか。はたと悩んでしまいました。

そこで大須賀先生に相談することにしました。

渡部「先生、どの貿易条件が一番有利かについて教えていただきたいのですが。先方はFOBで見積書をよこしてきているのですが、もっとなにかいい条件はありますか？　先生の本を拝見したら、13通りもあるって書いてあってびっくりしちゃいました」

大須賀「これはね、それぞれ一長一短あって、絶対これが有利とは言い切れない部分も多いんだ。ただね、13通りあるといっても、実際は4通りを押さえてしまえば、全体の90％の条件を把握したともいえるんです。特にわが国の輸入の場合は、ほとんどが4通りのどれかの条件で輸入されているのです。ですから4通り、つまり『EX WORKS』『FOB』『CFR』『CIF』について、その特徴を理解して、それぞれ使い分けていくのが効率的だとはいえますね」

渡部「先生のおすすめってありますか？」

大須賀「私自身は、ＦＯＢでの契約が多いですね。本来はＥＸ ＷＯＲＫＳ（工場渡し条件）が一番商品自体の価格がはっきりわかるのでいいのですが、これだと、先方の工場から輸出港での船積までの経費が読みづらいのと、港まで運ぶ業者を探す手間がかかるという難点がありますからね。結局、先方に業者を探してもらうということになると、実質は、ＦＯＢとなんら変わらないということになってしまいますよね」

渡部「なるほど。じゃＣＦＲ（運賃込条件）との比較はどうですか？」

大須賀「いい質問だね。これは、どちらが船を手配した方が有利かという問題でもあるんだ。つまり、簡単にいうと、ＦＯＢにするかＣＦＲにするかは、輸出者と輸入者とのどちらが安く船を手配できるかということなんだ。だから、自分が安く船を手配できるとすれば、ＦＯＢの方がいいということになるね」

渡部「うちの場合は、どうでしょうか？」

大須賀「渡部さんのところは、絶対ＦＯＢでしょうね。契約のほとんどがＦＯＢのはずです。船会社とのパイプは太いですからね」

渡部「わかりました。じゃ貿易条件はＦＯＢで承諾しても大丈夫ですね」

大須賀「ええ。大丈夫です。それで受諾してください」
渡部「はい。ありがとうございます」

2-8 メーカーから提示される貿易条件にはどんなものがあるのか

現在、メーカーから提示される貿易条件としては、13種類の条件があります。これは、国際商業会議所が定めた輸出入に関する取引条件の解釈に関する国際ルールで、インコタームズとよばれています。輸出入双方の商慣習が、その国によって違うことからおきる取引条件の誤解や紛争を、できるだけ防ぐために１９３６年に制定されました。一体どのようなことが定められているのでしょうか。

その内容は次の四つの事柄です。

①価格条件（建値条件）
②引渡しの場所
③危険の移転時期（どこまで輸出者がリスクをもつのか）
④輸出業者と輸入業者の費用分担の分岐点

輸出者が、輸入者に提示する価格条件は、商品を売り渡す場所によって13種類に分かれますが、実務レベルで使用される、四つの貿易条件をみていきましょう。

(a)工場渡し価格（ＥＸＷ価格）
海外のメーカーの工場で、商品の受け渡しをする場合の価格です。製造原価にメーカーのマージンをのせた価格でもあります。すべてのリスクと費用は引き取った時点で輸入者へ移ります。

(b)本船渡し価格（ＦＯＢ価格）
(a)の工場渡し価格に、現地工場から輸出港（空港）までの運賃・通関・船積費用を加えた価格条件です。
すべてのリスクと費用は、貨物が本船の船側手摺を通過したときに輸入者に移ります。

(c)運賃込み価格（Ｃ&Ｆ、ＣＦＲ価格）
(b)の本船渡し価格に国際運賃を加えた価格条件です。
しかし、リスクと運賃以外の費用の分岐点は、ＦＯＢと同じく船積時点になることに注意が必要です。

(d)運賃・保険料込み価格（ＣＩＦ価格）

(c)の運賃込み価格に海上保険料を加えた価格条件です。

こちらも(b)(c)同様、リスクと運賃と保険料以外の費用の分岐点は船積時点になります。

具体的には、ＦＯＢで例をあげれば、「10EURO・FOB Valencia」と価格を提示された場合は、「バレンシア港渡しで10ユーロ」ということになります。

第3章

輸入代金の支払い・保険の基本

村上物産のオフィス

渡部「足立先輩、契約書ができあがりましたので確認してください」
足立「がんばったわね。内容は、L／C決済でFOBに決まったのね。あら、独占販売権の契約も入っているわね。すごいじゃない、渡部君」
渡部「えへへ、そうなんです。大須賀先生にアドバイスいただきました」
足立「さすが先生ね。OK。次はL／Cの発行依頼をしなきゃね」
渡部「はい」
足立「じゃ早速、西北銀行に信用状発行の依頼をしなきゃね。手順は大丈夫？　渡部君、流れを説明してみて」
渡部「大丈夫なはずです。まず、私たちがL／Cを西北銀行に依頼する。L／Cは、バレンシアにある西北銀行のコルレス先（提携・取引銀行をさす）のバレンシア銀行を経由してメーカーに送られます。メーカーは、L／C条件に基づいてインボイス、パッキングリストなど必要な書類を作成して船積準備に入ります。出港がすんだら、今回はFOB条件なので、保険の手続きをしなければなりません」

足立「そうそう」
渡部「船積書類が到着すると、西北銀行から連絡がきます。そしてお金を支払って、船積書類をもらいます。この中のＢ／Ｌを提示して、船会社から貨物を引き取ります。ふーっ」
足立「完璧ね」
渡部「ありがとうございます」

3-1 輸入代金の支払い方法

輸入代金の支払い方法には、いろいろな方法があります。

信用状（Ｌ／Ｃ）と送金（ＴＴ）が基本ですが、比較的小口の取引には、国際郵便為替、クレジットカードなども利用されています。また、１９９８年４月の外為法の改正により、為受け、為払いなどの特殊な決済も自由になりました。

それぞれの支払い方法についてみてみましょう。

①送金
支払い方法の中で、もっともシンプルな方法です。

輸入者から輸出者に、代金を郵便局、もしくは銀行を通して支払う形になります。この方法は、銀行の支払い指図とお金の流れが同じ方向になっているので並為替といいます。

送金のタイミングとしては、前払い、後払い、分割払いというように、事前の契約に基づいて実行します。ただ注意しなければならないのは、そのタイミングに応じて、輸入者もしくは輸出者にリスクが発することです。

たとえば、全額前払いであれば、輸入者にとって商品未着のリスクがあります。逆に全額後払いであれば、輸出者にとって代金未回収のリスクとなります。

ですから、高額な代金の支払いには不向きといえます。

しかし、他の方法に比較して、簡単で手数料が安いというメリットがあるため、最近は活発に利用されてきています。事前に輸入者と輸出者の間で十分協議をして、分割払いにする方法が実務的でしょう。

②信用状（L／C）

支払い方法の中で、もっとも世界的に普及し、一般的に安心できる方法です。

前述のように送金ベースですと、輸入者または輸出者にとって、どちらか一方がリスクを負う形になります。こういったことを解消するためのしくみがL／C（信用状）決済です。

L／Cの開設から代金決済までの流れは１０７ページの図の通りです。

L／Cとは、輸入者に代わって、輸入者の取引銀行が輸出者に発行する支払い確約書のことで、一定の期間発注商品金額の支払いを保証するものです。ただし、信用状を開設するためには、銀行との信頼関係が前提条件として必要になります。

銀行が輸入業者の支払いを保証するものですから、決済されない場合は、銀行のリスクになるからです。ですから、銀行との取引が浅い輸入者の場合、L／C金額の50％～１００％に相当する額、もしくは保証金や担保の差し入れを求められることがあります。

事前に取引銀行と協議して、スムーズに開設できるようにしておく必要があります。

③D／P決済

D／Pとは、D／P手形（Documents Against Payment）とよばれる荷為替手形を使う方法で、輸入者が輸入地の銀行で船積書類を受け取るときに、荷為替手形の決済と引き換えに船積書類が渡される「代金引換船積書類渡し」の決済方法です。

この決済方法は、L／Cのように開設費用などの手数料がかからないというメリットはありますが、商品の到着前に全額を支払う「商品到着前全額現金一括払い」ですから、資金繰りの面からもリスクの面からも、輸入者にとっては負担の多いシステムです。

輸入代金の支払い方法

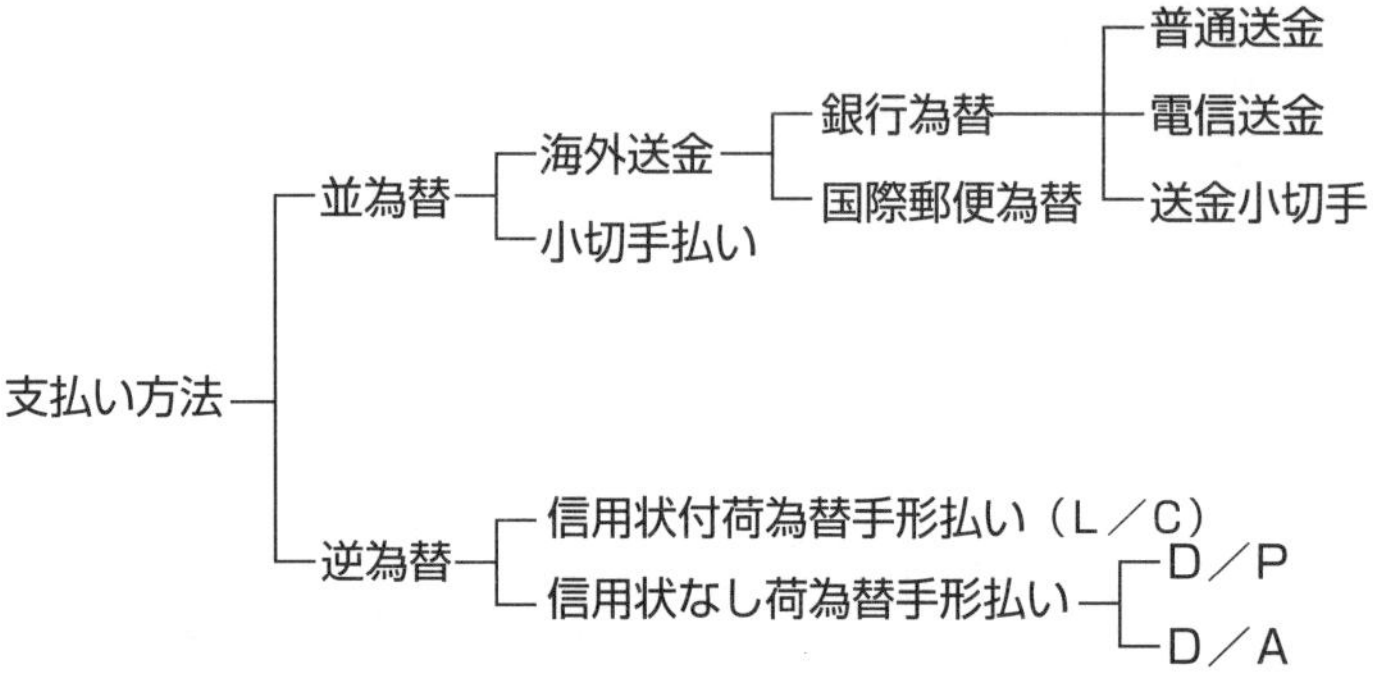

④D／A決済

D／Aとは、D／A手形（Documents Against Acceptance）とよばれる荷為替手形を使う方法です。これは、輸入者が輸入地の銀行で、船積書類を受け取るときに荷為替手形を決済して手形の代金を支払わず、後日（記載の手形期日）に支払うことを約束して、その手形を引き受ければ（了解してサインをする）運送書類が渡される、「代金支払い引き受け引き換え船積書類渡し」の決済システムです。

これは、輸入者にとってもっとも有利なシステムです。後払いなので、資金繰りが楽であると同時に、代金の決済をしなくても貨物の引き取りができるため、万が一貨物に不良、品違い、もしくは何らかの不都合があった場合でも、代金を払っていないため、クレーム交渉が有利に運べるからです。

D／A取引の場合には、シッパーズユーザンスとよば

L/C開設から決済までの流れ

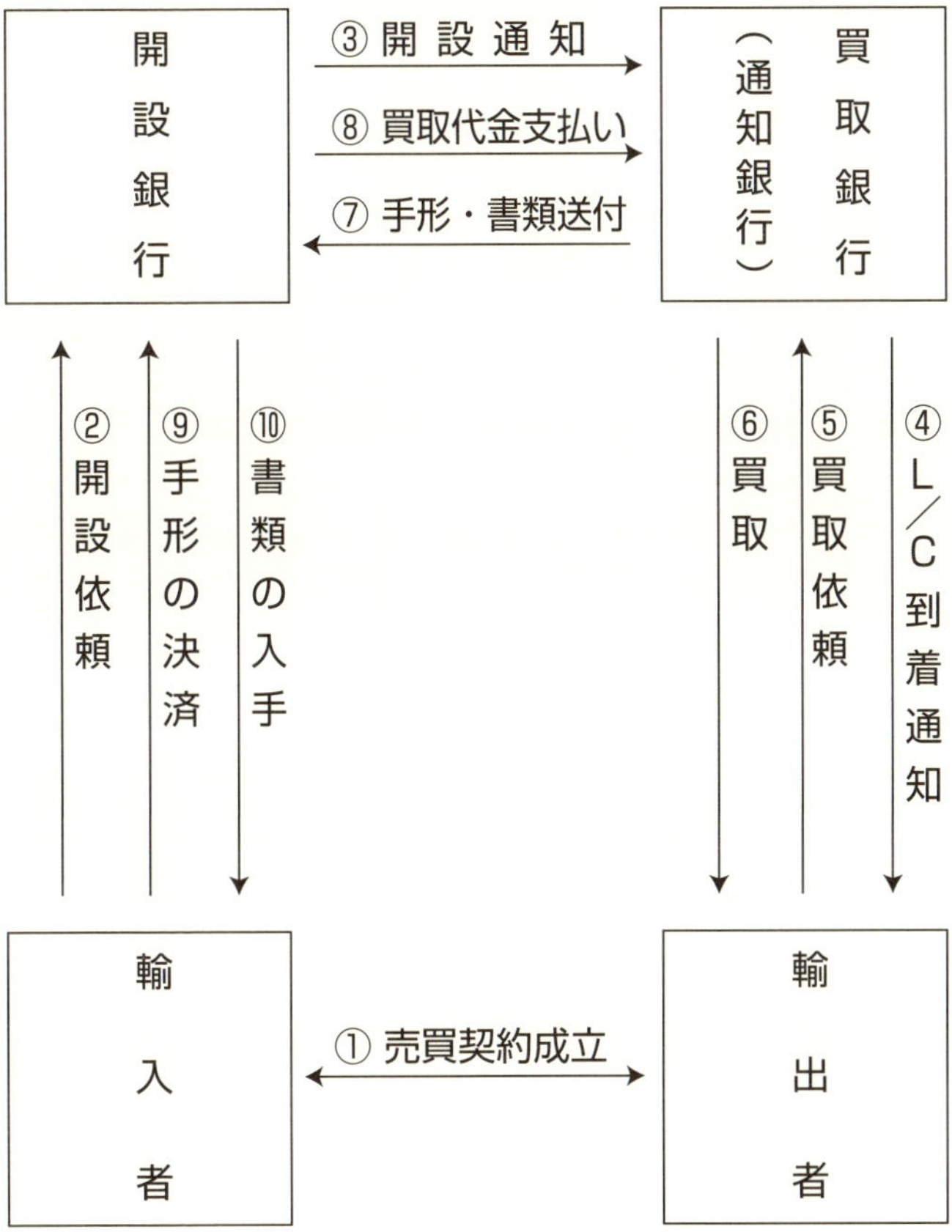

れる、支払いを引き受けた日から一定のある期間後に支払えばいいという条件がついてきます。たとえば「D/A 120 days」のように標記されます。これは、手形を引き受けた日から120日後に支払いますという意味です。

ここは村上物産の経理課

早速経理課の国吉さんに信用状発行依頼書をもらいに行く渡部君。

渡部「国吉さん。信用状の発行依頼書をいただきにきました」
国吉「渡部さんね。さっき足立さんからお願いされた案件ね」
渡部「先輩が、連絡してくれてたんですか？」
国吉「そうよ。さっき内線で連絡あったのよ。私と彼女は同期でね、一緒の部署で働いてたこともあるのよ」
渡部「そうなんですか」
国吉「渡部さん、足立さんから信用状の開設の実務についてちょっと教えてあげてって言われてるんだけど、時間ある？」

渡部「本当ですかぁ。もちろんですよ。なくてもあることにしちゃいます。嬉しいなぁ。光栄です。国吉さんからレクチャーいただけるなんて」
国吉「まぁ、渡部さんて意外と調子がいいのね」
渡部「そんなことないです。ほんとなんです。ほんとなんです」
国吉「まぁ、いいわ。じゃ、はじめましょうか」
渡部「はい、よろしくお願いします」
国吉「一般的な話からはじめるわね。実は信用状は、だれでも開設してもらえるってわけじゃないの。うちの場合はもう業歴も長いので、銀行さんからもある程度の信用をいただけてるでしょう。だから依頼すればすぐに開設してくれるけど、起業したてとか、創業間もない会社などの場合は、銀行さんからみれば、まだ十分な信用状況にないと判断されることが多いのよ。だから、預金を担保にとられたり、手続きに時間がかかったり、なかなか大変なのよ」
渡部「そうなんですか。なんかもっと単純なものかと思ってました」
国吉「そもそも銀行との取引自体がない場合は、まず銀行取引約定書からはじまって、商業信用状約定書を交わす必要があるわ。しかもそれだけじゃないの。詳しくはあとからまた説明するけど、輸入担保貨物保管に関する約定書を交わして、そして、なおかつ輸入のたびに信用状開設依頼書を出さなきゃならないのよ」

渡部「なんか、気の遠くなるような話ですね」

国吉「そうね。だから、信用状取引ができるっていうこと自体が、ある程度の信用があるってことになるわね。輸出者サイドからみるとね」

渡部「そうですよね。僕たちはそういう点では、恵まれてるんですね」

国吉「だから業歴の浅い業者さんなんかでは、L／Cが組めなくてチャンスを逃すなんてこともあるのよ」

渡部「そうですよね」

国吉「そう。そんなわけで渡部さんは、この開設依頼書だけつくって、もってきてくれれば、あとは私の方で、銀行さんに提出しておくわ」

渡部「ありがとうございます」

3-2 信用状開設の実務

輸入契約にて、信用状決済で合意が成立した場合、輸入者は輸入地の銀行に信用状の開設を依頼することになります。

輸入者がはじめての外国為替手形取引の場合は、次のような書類を銀行に提出しなければなりません。

◆外国為替取引をはじめるにあたって提出する書類

①銀行取引約定書
これは、銀行との与信取引全般にわたって適用される、もっとも基本的な約定書です。

②商業信用状約定書
これは、信用状開設を依頼する輸入者と、開設する銀行が信用状取引を行うための契約書のようなもので、初回のみ提出します。

銀行としては、輸出者に対して代金支払いの保証をするわけですから、それに伴うリスクや、損害の回避のために輸入者の署名捺印を求めてきます。

銀行によっては、和文のもの以外に同内容で英文のものを要求します。この約定書の中には、「輸入者が代金の決済をするまでは、輸入された貨物は銀行の担保である」ということが明記されています。

③輸入担保貨物保管に関する約定書
信用状取引の輸入貨物は、輸入者が輸入手形を決済するまでは、銀行の担保になっていま

す。しかし担保だからといって、銀行がその貨物をもっていては、輸入者から手形決済代金は回収できません。そこで銀行は、担保の輸入貨物を輸入者に貸渡して売却させることで代金の回収を図ります。これを貨物の貸渡しとよびます。これらの法律関係を明確にしたものがこの約定書です。

◆そのつど提出する信用状開設依頼書

この書類は、輸入者が信用状の開設依頼をするたびに、銀行に提出しなければならない書類です。

銀行としては、たとえ輸入者から十分な担保を預かっていたとしても、与信行為をするので、その審査のために取引ごとに差し入れさせる書類です。

また、この書類は輸入者サイドからみると、銀行に対して、具体的に記してほしい内容を指示するためのものでもあります。ですから銀行は、この依頼書によって、輸入者から指示された内容・条件で信用状を開設しなければなりません。

当然のことですが、輸入者はこの書類をつくる際には、輸出者との間で事前に取り交わした約束事に忠実であらねばなりません。

この書類についての書き方は以下の通りです。

信用状開設の依頼例

THE UNIFORM CUSTOMS AND PRACTICE FOR DOCUMENTARY CREDITS, 1993 REVISION, ICC PUBLICATION No.500, SHALL APPLY TO THE CREDIT CONCERNED.

I/WE REQUEST YOU TO ISSUE AN IRREVOCABLE DOCUMENTARY CREDIT IN THE FOLLOWING TERMS AND CONDITIONS.

[X] FULL CABLE ([ ] L/T [ ] ORDINARY)/[ ] BRIEF PRELIMINARY CABLE ([ ] L/T [ ] ORDINARY)/[ ] AIRMAIL

ADVISING BANK (通知銀行)
BANCO BILBAO VIZCAYA ARGENTARIA YECLA(MURCIA)SPAIN

L/C NO.
DATE (発行依頼日)

APPLICANT'S REF NO. (ご依頼人取扱番号)

CURRENCY/AMOUNT (IN FIGURES) (通貨/金額)
ESP 4,118,825

EXPIRY DATE (有効期限) 2000-10-30
LATEST SHIPMENT DATE (船積期限) 2000-10-17

PARTIAL SHIPMENT [ ] ALLOWED [X] PROHIBITED
TRANSHIPMENT [ ] ALLOWED [X] PROHIBITED
[ ] CONFIRMED(確認) [ ] UNCONFIRMED(無確認)

APPLICANT (ご依頼人) [redacted]
MARUO CO.,LTD
85-1 HIRASAWA NAKAZAWA MACHIKITA MACHI AIZUWAKAMATSU FUKUSHIMA JAPAN

BENEFICIARY (受益者)
PACO ORTIZ
c/ Pio Baroja num. 9-5B
30510 Yecla (Murcia) Spain

SHIPMENT FROM　　　　TO

[X] ALL BANKING CHARGES .... OUTSIDE JAPAN ARE FOR ACCOUNT OF BENEFICIARY
[ ] ACCEPTANCE COMMISSION IS FOR ACCOUNT OF [ ] BENEFICIARY [ ] APPLICANT
[ ] DISCOUNT CHARGES ARE FOR ACCOUNT OF [ ] BENEFICIARY [ ] APPLICANT

CREDIT AVAILABLE WITH THE BANK OF YOUR CHOICE BY / PAYMENT / NEGOTIATION / ACCEPTANCE
AGAINST DRAFTS [X] AT SIGHT [ ] AT ________ (INDICATE TENOR)
FOR 100 PERCENT .... INVOICE VALUE
DRAWN ON YOU OR YOUR CORRESPONDENTS

DOCUMENTS REQUIRED
[X] SIGNED COMMERCIAL .... INVOICE IN 3 COPIES

[X] FULL [ ] / SET CLEAN ON BOARD MARINE B/L MADE OUT TO ORDER OF
[ ] NEGOTIABLE COMBINED TRANSPORT DOCUMENTS MADE OUT TO ORDER OF
[X] SHIPPER AND ENDORSED IN BLANK/[ ] THE FUKUSHIMA BANK LIMITED/
[ ]
MARKED FREIGHT [ ] PREPAID [X] COLLECT
NOTIFY : APPLICANT/
[ ] AIR WAYBILLS CONSIGNED TO
MARKED FREIGHT [ ] PREPAID [ ] COLLECT
NOTIFY : APPLICANT/
[X] INSURANCE EFFECTED BY APPLICANT
[ ] MARINE [ ] AIR INSURANCE POLICY/CERTIFICATE IN DUPLICATE ENDORSED IN BLANK
FOR ____ PERCENT OF THE INVOICE VALUE INCLUDING
[ ] INSTITUTE .... CARGO CLAUSES(F.P.A./W.A./ALL RISKS)
[ ] INSTITUTE WAR CLAUSES AND INSTITUTE S.R.C.C CLAUSES

[X] PACKING LIST IN 3 COPIES
[ ] OTHER DOCUMENTS

書類送付方法：[ ] ONE MAIL [X] TWO MAILS (いずれかのご指示がない場合にはONE MAILとして扱わせて頂きますので、ご了承下さい。)(仲介貿易またはAIR WAYBILLSの場合はなるべくONE MAILとして下さい。)

DOCUMENTS TO BE PRESENTED AT [ ] NEGOTIATING BANK'S COUNTER/[ ] ________ WITHIN ____ DAYS AFTER THE DATE OF SHIPMENT BUT WITHIN THE VALIDITY OF THE CREDIT

COVERING
Real leather sofaes & coffee tables

TRADE TERMS [X] FOB [ ] C & F [ ] CIF [ ]　　(PLACE) Rotterdam

T. T. REIMBURSEMENT IS [ ] ACCEPTABLE([ ] AT APPLICANT'S EXPENSE [ ] AT BENEFICIARY'S EXPENSE)/[X] NOT ACCEPTABLE

THIS CREDIT IS [ ] TRANSFERABLE [X] NOT TRANSFERABLE

取　次　店	SPECIAL INSTRUCTIONS(ADDITIONAL CONDITIONS)
店名	
検印 / (照合) / 係印	

IN CONSIDERATION OF YOUR ISSUING A CREDIT SUBSTANTIALLY CONFORMING TO THE A... I/WE HEREBY AGREE AND UNDERTAKE TO HOLD MYSELF/OURSELVES LIABLE TO YOU AS PER PROVISIONS SET FORTH IN THE COMMERCIAL LETTER OF CREDIT AGREEMENTS SIGNED BY ME/US AND ... SUBMITTED TO YOU

外為店名	処理日(起票日)	検印	係		(取扱番号) / (取扱取引番号)

株式会社 マルオ
代表取締役 大須賀
(ご依頼人署名/印)

大須賀アドバイザーのオフィス

今回の契約はFOBのため、保険の手配が必要です。渡部君、足立さんの二人は、海上保険についてレクチャーを受けるために、大須賀アドバイザーの事務所を訪れています。

足立「先生、こんにちは。ご無沙汰致しております」
大須賀「やぁ、足立さん。いらっしゃい。お久しぶりですね」
渡部「先生、こんにちは。今日もまたお願いです」
大須賀「いいですよ。今日はなんですか?」
足立「渡部君に、海上保険とPL保険について、レクチャーしてほしいんです。私も、たいていのことは教えられるんですけど、保険はかなり専門的ですからね。先生にお願いした方が早いかな、なんて思っちゃったので。ちょっとずるしちゃいました」
大須賀「それはずるいですね、あはは。わかりました。何からいきましょうか?」
渡部「まず知りたいのは、どんな保険に入ればいいのかということです。ちょっとみたのですが、何種類かあるようなので、どれにしていいのかわからないのです。そして次は、保険はいくら出るかということです。そして、いつ掛けたらいいのかということと、その掛け金。できればＰＬ保険についてもお願いします」

大須賀「わかりました。じゃ順番に説明していきましょう」

3-3 貿易保険の基本と実務

輸入取引に関する保険には、大きく分けて、貨物保険（外航貨物海上保険）とＰＬ保険があります。

貨物保険は、運送中の思わぬ損害をカバーします。輸送にはさまざまな危険があるからです。

ＰＬ保険とは、メーカーがその製品の使用や消費によって、消費者の生命、身体、財産に損害を与えた場合、そのメーカーが損害を負担しなければならない賠償責任のことをいいます。

輸入者は、ＰＬ法上では、メーカーの扱いを受けることになりますから、加入する必要があります。

◆海上貨物保険

輸入条件の売買条件の中に、保険が含まれないＥＸ ＷＯＲＫＳ、ＦＯＢ、ＣＦＲ（Ｃ&Ｆ）

での契約をするときは、輸入者が保険を手配することになります。
事故や損害に対して、どのようにして保険金が支払われるのかについて決められたものを保険条件といいます。保険会社によって、担保される危険は、大きく海上危険と戦争ストライキ危険に分けられています。

・海上危険

もっとも一般的なのは、オールリスク保険（A／R）です。ある程度の免責事項（運送遅延や荷造りの不備など）以外の、外部からの要因でおきた損害や滅失は、すべてカバーされます。貨物の種類によっては、WA（単独海損分損担保）やFPA（単独海損分損不担保）が使われることもあります。どれを選択するかは、かなり専門的な分野ですので、事前に保険会社に相談しておきましょう。

・戦争ストライキ危険

文字通り戦争による損害と、港湾ストライキや一揆、暴動による破壊行為による損害をカバーします。一般的には、オールリスクに戦争ストライキ保険を追加して掛ける方法がおすすめです。

次に保険金額の決め方です。

保険金額とは、事故が発生した場合に保険会社が補償する最高限度額をいいます。通常この保険金額は、ＣＩＦ金額×１１０％になります。10％を輸入者が得られるべきはずであった利益として、見込んで算出されます。

保険の掛け方と掛ける時期ですが、基本的には、申込み以前におきた事故について補償はされません。

ですから、輸送開始前に申込みをする必要があります。

しかし現実的には、その時点では保険申込みに必要な事項（船名、船積港、出港日、数量など）はわかりません。ですから、契約締結後できるだけ早く「予定保険」を申込み、輸出者から出荷案内（Shipping Advice）が届いたら、確定保険に変更するという手順が実務的です。

また、この予定保険には、「個別予定保険」と「包括予定保険」があります。

個別予定保険とは、文字通り個々の輸入の度に申し込みをする保険です。一方包括予定保険とは、継続的な輸入がある場合に、保険会社と事前に包括予定保険契約を結んで、一回一回予定保険を結ぶ手間と、保険の掛け忘れによるリスクを防ぐことができます。

この包括予定保険を利用すれば、確定保険の申込みだけですみますので、おすすめといえるでしょう。

支払う保険料の決め方ですが、これは、保険金額×保険料率で算出されます。ただし、１件あたりの最低保険料は３０００円に設定されています。

◆ＰＬ（製造物責任）保険

ＰＬ法とは、消費者が商品の欠陥により生命、身体、財産に被害があった場合に、その被害者は製品の製造者に対して、損害の賠償ができるという法律です。輸入者は、この製品の製造者にあたります。

このＰＬ法は、従来の民法７０９条（一般不法行為法）とは違い、商品に欠陥があることだけを証明すれば、損害賠償を請求できます。

この場合の欠陥とは、商品が通常もっているべき安全性を欠くという意味です。

ＰＬ保険は、このように賠償事故がおきたときに、輸入者が負担をしなければならない賠償金や訴訟費用を補償するための保険です。

このＰＬ法への対応策をまとめてみました。

対策①　海外のメーカーに輸入者が損害賠償請求を受けた場合、求償できるように事前に契約書に盛り込んでおくようにします。

対策②　安全性に問題がある商品は、絶対に輸入しないようにします。

対策③　消費者が安全に使用できるように、懇切丁寧でわかりやすい説明書をつくることが大切です。特に使用、取扱いによっては危険がある商品については、警告ラベルを貼り、十分に注意を促す必要があります。

対策④　海外メーカーだけでなく、輸入者自身もPL保険に必ず加入しましょう。具体的な保険金の内容は、損害賠償金、訴訟費用、応急手当費用など。保険期間は、原則として1年間。PL法の対象となるのは、製造又は加工された動産で、不動産や修理などのサービスは該当しません。

第 **4** 章

輸入貨物の入荷・通関・引取り・国内販売

数日後の村上物産オフィス

数日後の村上物産に船積書類が届きました。

渡部「先輩、船積書類がきました」
足立「了解。じゃ渡部君、書類を全部チェックしてね」
渡部「はい。まずインボイス、パッキングリスト、B／L。ありますね」
足立「それから海上保険の保険料明細書は届いてる？」
渡部「はい届いています」
足立「じゃB／Lに裏書して海貨業者に輸入手続きの依頼してくれる？」
渡部「はい」
足立「渡部君、いい機会だから直接海貨業者の事務所に行って、流れを把握しようか」
渡部「それならわかりやすいですね」

海貨業者の事務所

足立「こんにちは。いつもお世話になっております」
海貨業者「いつもありがとうございます」
足立「今日はね、新人君を連れてきました。簡単にこれからの流れを説明してくださいませんか?」
海貨業者「承知しました。まず、このB／Lを船会社に持ち込んでD／O（指図書）交換します。そのD／Oをもってコンテナヤードに行き、コンテナを受け取り、保税地域に搬入後輸入の申告に入ります。許可がおりたら、すぐに久保木さんにお届けするようになります」
渡部「ありがとうございます。なんかイメージがわいてきました」
海貨業者「だいたいですが、一週間くらいでご指定の場所に納品可能だと思います」
足立「それじゃ渡部君、早速、久保木社長に納品予定日を連絡しなきゃね」
渡部「ラジャー」

4-1 代金決済と書類の入手

貨物が指定の港に到着すると、船会社または航空会社から、輸入者に到着案内（Arrival Notice）が送付されます。そしてその前後に、輸出地の銀行が輸出者から買い取った荷為替手形を含む書類が、信用状開設銀行に到着します。到着後、開設銀行からも輸入者に到着案内（Arrival Notice）が送付されます。

運送書類を入手したら、通関業者に書類を渡し、輸入通関に入ります。

これが通常の流れなのですが、実際の輸入取引では、貨物は到着しているにもかかわらず、銀行経由の書類が到着していないために、貨物を引き取れないことがあります。つまり、その運送書類に含まれている貨物引換券（B／L：船荷証券）がないために引き取れないのです。なぜならB／Lの所有者にのみ貨物の引き取りの権利があるからです。

その場合には、開設銀行に依頼をして、B／Lの代わりになる「保証状」（Letter of Guarantee・通称L／G）とよばれる書類を発行してもらって、貨物を引き取ることになります。具体的には以下の通りになります。

①輸入者は、銀行に「輸入荷為替付帯荷物引取保証依頼書」を差し入れL／Gを発行してもらう
②輸入者は、L／Gと交換に船会社から貨物を引き取る
③開設銀行に輸出者の銀行から書類が届く
④輸入者は、「輸入担保荷物保管証」（Trust Receipt：通称T／R）を銀行に差し入れ、書類を借り受ける
⑤輸入者は、B／Lを運送会社に渡し、L／Gを返却してもらう
⑥輸入者は、そのL／Gを銀行に返却して代金の決済をする

このような一連の流れを「保証状荷渡し」といいます。

貿易部オフィスにて

海貨業者からの説明を聞いて納得した渡部君。足立さんと会社に戻りコーヒーブレークです。

足立「渡部君。そういえば関税の件は調べておいたの」

渡部「いけね。今から確認します」
足立「相変わらずねぇ。いいわ。私の知ってる範囲で教えてあげるわ」
渡部「おそれ入ります」
足立「関税は歴史的にみると、古代都市国家においては手数料にはじまって、その後、内国関税、国境関税というような変遷を経てきたものなのよ。今日では、一般に輸入品だけに課されることが多いんだけどね。関税は、もともとは国の財源調達手段としての関税（財政関税）と国内産業保護（保護関税）の機能をもつものだけど、現在は、国内産業の保護という意味合いが強いものなのよ」
渡部「へぇ〜、そうなんですか」
足立「そうなのよ。そしておもしろいことには、関税は同じ種類のものを輸入するにしても、輸入する相手国によって税額が違うのよ。特恵関税っていってね、ある特定の国や地域から輸入する場合は、関税が減免されたり、まったくの無税になったりするのよ」
渡部「無税ですか？」
足立「そうなのよ。もともと特恵関税は、開発途上国から輸入されるものについては、低い税率を適用することによって競争力をつけさせ、開発途上国の輸出の増大をはかり、その国の経済発展を促進しようということでつくられたものなの」

渡部「なるほどね。じゃ、スペインはどうなんですか？」
足立「スペインは開発途上国じゃないわよ。だから特恵関税は適用されないわ」
渡部「残念」
足立「でもね。これからが大事なの。ソファに関しては、スペインからの輸入でも関税がかからないのよ。どう、驚いた？」
渡部「そうなんですか？」
足立「そうなのよ。ソファっていうか、家具類全体が関税は無税なの」
渡部「驚きですね。なぜでしょうかね？」
足立「私もそこまではわからないんだけど、そうなのよ。いつか大須賀先生に教えていただきたいわね」
渡部「それはいい情報ですよね。もっといろいろ教えてください先輩」
足立「ＯＫ。じゃ主要な関税の種類からはじめるわよ。いい？」
渡部「了解です」

4-2 輸入通関・関税などの手続き

代金決済と必要な運送書類の入手がすんだら、通関業者に書類を渡して通関手続きに入ります。依頼するには、以下の書類を揃える必要があります。

①仕入れ書（インボイス）
②梱包明細書（パッキングリスト）
③運送書類（船荷証券：B／L、もしくは航空貨物運送状：AWB）
④保険料請求書（Debit Note）

これ以外にも、貨物によっては次のような書類が必要になる場合があります。

⑤特恵原産地証明書（Form A）
⑥成分分析証明書
⑦輸入承認証

◆輸入関税と消費税の支払い

書類を受け取った通関業者は、輸入申告に入ります。この申告にあわせて関税と消費税の申告もします。輸入者に代わって、立替払いをすることになります。

関税率は、貨物や輸出国によってバラバラですので、事前に調査をしておきましょう。最近では、貿易の自由化、規制の緩和が進み、関税のかからないものも増えてきていますが、確認はしておく必要があります。

この関税の対象課税価格は、ＣＩＦ価格に対してかかってきます。そして、関税がかかる貨物の場合は、そのＣＩＦ価格に関税をプラスした金額に消費税がかかるので、事前の採算面の計算の際に注意が必要です。

これら一連の手続きがすむと、通関業者は貨物を引き取り、輸入者の指定する場所に配送することになります。

◆輸入通関・関税などの手続き

(1) 輸入通関の流れ

輸入貨物を保税地域へ搬入後、輸入者から依頼を受けた通関業者は、輸入申告の手続きを行います。

①保税地域に搬入
⬅
②輸入申告
⬅
③輸入申告書類の審査
場合によっては現品検査も行われます。
⬅
④関税額確定
⬅
⑤関税納付
⬅
⑥輸入許可書の交付
⬅
⑦貨物の引き取り

輸入者は、貨物の引き取り後はすぐさま検品をし、異常がある場合には、保険会社、船会社、輸出者、メーカーなどに連絡し、早急に対策を練る必要があります。

(2) 関税の決定

関税とは、国境または経済的境界を通り過ぎる貨物に課される税金のことをいいます。

輸入関税は原則として、

CIF価格（輸出地の船積港価格（FOB）＋海上保険料（Insurance）＋運賃（Freight））

に対して掛けられることになります。

ですから、輸入契約が工場渡し条件（EX WORKS）の場合は、工場から輸入港までの運賃、保険料、輸出通関費用も当然合算されることになります。

関税は、ほとんどが価格に対してかけられる「従価税」ですが、重量や数量に対して課せられる「重量税」もあります。重量税の代表的なものにガソリン、酒、タバコなどがあります。

次に主要関税率の種類についてみてみましょう。

・基本税率

関税率法第三条に基づき、すべての輸入品に対して定められた、もっとも基本的な税率

・暫定税率

関税暫定措置法の暫定関税率表に規定されている税率で、国際的な経済情勢の変化や外国政

府からの要請によって、基本税率より低率、または高率に定められる税率
・協定税率
ＷＴＯ（世界貿易機関）の加盟国を原産地とする特定の商品に適用される税率
・特恵税率
関税暫定措置法の暫定関税率表に規定されている税率で、一定の開発途上国でつくられた一定の商品に適用される税率
・ＬＤＣ特恵税率
関税暫定措置法の暫定関税率表に規定されている税率で、特恵受益国の中でも、特に開発が遅れている国（ＬＤＣ）に対して、より厚遇された税率

このような種類の関税率ですが、その選択基準については、原則として次のように優先して適用されます。

ＬＤＣ特恵税率
⬅
特恵税率
⬅

協定税率
⬅ 暫定税率
⬅ 基本税率

ただし、LDC特恵、特恵税率は、法令要件を満たす場合に限られ、協定税率は暫定税率と基本税率の二つの固定税率より低い場合に適用されます。また、暫定、基本の二つの固定税率は、暫定税率が基本税率より高かろうが安かろうが優先的に適用されます。

通関手続きに必要な書類は、次のようなものです。

① 船荷証券
② インボイス
③ パッキングリスト
④ 貨物保険料明細書
⑤ 原産地証明書

⑥運賃明細書

久保木インテリアの事務所

今回の輸入に関してのすべての費用が揃い、関連書類も整ったので、久保木社長に報告をするために、渡部君と足立さんの二人で久保木インテリアを訪問しています。

渡部「久保木社長、今回はご依頼ありがとうございました。無事納品がすんでほっとしています。今日は、今回かかった経費、費用などの明細をおもちいたしました」

久保木「ありがとう。うまくいったね。なんとか間に合いそうだしね。コスト的にも、私が考えていたものとそう大きくは違わなかったし、大成功だよ」

渡部「おほめいただきありがとうございます。私自身も今回はいろいろと勉強させていただきました」

久保木「どれどれ、全体のコスト明細を見せてくれないか?」

渡部「はい、こちらです。詳細は、営業部長の川西さんに報告しておきました。もう新商品としてネーミングと販売価格が設定されたとお聞きしました」

足立「久保木社長、今回は本当にお世話になりました」
久保木「よくがんばったね。これからもよろしく頼むよ」
足立・渡部「はい。今後ともよろしくお願いいたします」

村上物産・木戸部長の部屋

村上物産で、足立さんと渡部君が、今回の輸入について、木戸部長へ報告をしています。

足立「木戸部長、今回の久保木さんのご報告にまいりました。渡部君から報告させていただきます」
木戸「お疲れさま。まぁ、そこにかけなさい」
足立・渡部「はい。ありがとうございます」
木戸「じゃ、聞こうか。進めてくれ」
渡部「はい。昨日、今回の御礼と請求書をもって、久保木インテリアさんに行ってまいりました。久保木社長にもお会いして、ご報告をしてまいりました。社長はとてもお喜びでした。また、君のところにお願いするからって、おっしゃってくださいました」

木戸「おお、そうか。それはお手柄だね。久保木さんは古くからのお客様だからね。これからもいい関係でいたいね」

渡部「はい。私もさらに努力したいと考えています。まだまだ勉強不足なので、いろんなことを経験したいと思います」

木戸「そうだね。渡部君には、わが貿易部の将来を背負ってもらわなきゃならん。さらなる活躍を期待してるからね。あっ、そうそう次は輸出を担当してもらうかもしれんから、その心積りをしておいてくれ」

渡部「輸出ですか。わかりました」

木戸「では、正式に報告書をあげておいてくれ」

足立・渡部「わかりました」

貿易部オフィス

足立「よかったわね、渡部君。最初にしては上出来よ」

渡部「足立先輩のおかげです。ありがとうございました」

足立「渡部君の努力の成果よ」

渡部「それから、やっぱり大須賀先生の力によるところが大きかったです。実践的なアドバイスでずいぶん助かりました。さすがプロだなって、つくづく思いました」

足立「そうなの。先生は、今はああして後進の育成につとめているけど、長い間、ずっと貿易の第一線の現場で活躍してこられた方なのよ」

渡部「そうなんですか。やっぱりって感じですね。スペインの展示会のとき、交渉する姿がすごい迫力でびっくりしたんですよ。なるほどね」

足立「いわゆる交渉術のスペシャリストね。うちの社長がじきじきに私たちの会社の貿易コンサルタントとしてお願いしたくらいなのよ」

渡部「そうだったんですか。だからあんなに細かいところまでチェックできるんですね。いい勉強になりました」

足立「そうそう、今回の一連の業務の中ではやらなかったけど、輸入品の価格がどうやってつけられるのか知ってる？」

渡部「それ、興味あります。ぜひお願いします」

足立「うーん、私も今一歩自信ないのよね。明日、先生の事務所に行ってレクチャーしてもらいましょう」

次の日の大須賀アドバイザーのオフィス

足立「先生、お忙しいところ申し訳ありません。昨日お電話したように値付けの件をちょっとレクチャーいただきたいのですが？」
大須賀「やぁ、いらっしゃい。この間は、お疲れさまでした」
渡部「先生、先日は大変お世話になりました。いろいろ勉強になりました」
大須賀「うまくいってよかったですね。渡部さんも自信がついたんじゃないですか？」
足立「もう、すっかり貿易マンって感じですよ」
大須賀「いい顔になった感じですよ。さぁ、なにからいきましょうか。まず仕入れ原価についてからはじめましょうか？」
足立・渡部「はい」
大須賀「簡単なレジュメを用意しておきましたから、それを見ながら進めていきましょう。まず、仕入原価とはなにかということから入りましょう。今回の久保木さんの案件を例にとった方がわかりやすいでしょうから、そうしましょう。基本的には、仕入原価とは、バレンシアでのＦＯＢ価格に久保木さんの倉庫に入庫されるまでの一切の経費、たとえば船賃、保険料、通関手数料、銀行手数料、税金、国内運賃などを合算した総額をさしま す。そして商品価格、この場合はバレンシアでのFOB価格で割ると、商品価格に対しての総費用の割合（指数）が算出されますよね。ここまでいいですか？」

渡部「先生、こんなイメージでいいですか。つまり、今回輸入した商品の価格総額に対して、総費用が何割ぐらいかかったのかをみるということですね」

大須賀「そう、その通りだよ。では、次に進みますね。その割合がわかれば、あとは簡単です。個々の商品の原価を知るためには、個々のソファのFOB単価にこの指数と為替レートを掛ければ、個々の単価がでますよね」

渡部「うーん、そうですね」

大須賀「今回の場合は、久保木さんからすると、当然ですが、渡部さんのところの手数料も仕入原価にいれなければなりませんね」

足立「ありがとうございました。意外にわかるようでわからないんですよね。このあたりって」

渡部「ありがとうございました。飲み込めました」

4-3 輸入原価の計算

輸入取引が完了し、国内販売に入る前に輸入原価を確定させる必要があります。サンプルの段階で、前商談用に設定した仮上代（仮定価）の整合性をみる上でも、必ず原価の計算をしましょう。原価の計算をするためには、まず輸入にかかわったすべての費用を知る必要があります。

では、かかる費用はどのようなものでしょうか。代表的なものは以下の通りです。

（ＥＸ ＷＯＲＫＳ工場渡し契約の例）

①ＥＸ ＷＯＲＫＳ金額
②輸出国での内国運賃、通関料、保険料などの一切の費用
③運賃（船賃もしくは航空運賃）
④保険料
⑤銀行諸掛り
⑥通関費用
⑦国内配送料

⑧税金

この他、買い付け手数料や輸入代行を頼んだ場合の輸入代行手数料もある場合には、それらも盛り込みます。

そして、これらを合算したものを、インボイス金額（この場合はＥＸ ＷＯＲＫＳ金額）で割ります。そこで得られたインボイス金額に対する総費用の割合を、個々の商品に乗じると、個々の貨物の正確なコストが算出できます。

次に円建て契約以外の場合は、円に換算する必要があります。この為替レートについては、少し円安気味に設定しておくことをおすすめします。継続して販売する商品の場合は、必ずこの要素は盛り込んでおくべきです。一度決定した定価はなかなか変えにくいものだからです。では、具体的な輸入原価の計算と価格の決め方について、みてみましょう。

◆輸入コストの具体的計算方法

日本での販売価格を決定する前に、輸入コストを知る必要があります。

インボイス金額が、工場渡し価格（ＥＸ ＷＯＲＫＳ）が１００００米ドルで、それ以外の総コストが２０００米ドルだとします。
(10,000＋2,000)÷10,000＝1.2
単価が20米ドルだとすると
20ドル(単価・ドル)×120円(為替レート・円)×1.2(指数)＝2,880
で、この商品の輸入原価は日本円で２８８０円ということになります。

◆価格（定価）の決め方

輸入原価が確定したら、次に商品の販売価格の決め方について、みていくことにしましょう。この販売価格（定価）を決める方法は二通りあります。

①コストプラス方式（加算方式）
費用志向型ともよばれ、総コストに輸入者、問屋、小売店の利益（マージン、フィー）をプラスしていく方法です。もっともポピュラーな方法ですが、現実離れした価格になるおそれのある方法です。市場価格とのバランスをみなければならない方法でもあるでしょう。

②コストブレイクダウン方式
需要指向型で、市場が満足する価格をあらかじめ設定して、必要なコストを割り振っていく方法です。具体的には、競合する類似品の価格を調査して、それを下回る価格設定をし

ます。この方法の場合、期待するマージンが得られないこともあります。

現実的には、二つの方法のよいところをミックスして、輸入者をはじめとする流通業者、消費者ともにメリットのある価格を設定することがベストでしょう。

販売先の発掘方法について、足立さんが渡部君にレクチャー中

渡部「今回の輸入された商品は、すべて久保木インテリアさんで引き取りが決まっている商品だったから問題にはなりませんでしたが、販売先が全部確定していない場合もありますよね。その場合は、販売先の見つけ方は、どうすればいいのですか？」

足立「これはね。ある種永遠のテーマなのよね。販売先は販路っていうでしょ。路って道ってことよね。だから結局、道づくりなわけよ。道をつくるのに一週間やそこらじゃできないわよね。最低でも半年や一年くらいはかかるでしょう。じっくり取り組む必要があるってことなの。輸入といっても、最終的には物販にいきつくわけでしょ。これなしには成立しないわよね」

渡部「ですよね」

足立「顧客をつくるためには、いろいろな方法があるけれど、代表的なものについて説明するわね。そして、どういう顧客層があるのかについても説明するわ」
渡部「ありがとうございます」

4-4 国内で有力な販売先を見つける方法

輸入とはいえ、つきつめると物販です。いくらいい商品を見つけたとしても、販売に結びつかなければ継続しません。

単発の輸入では、採算に合わない場合がほとんどです。継続性のある有力な販売先と手を組む必要があります。では販売先にはどのようなチャネルがあるのかみてみましょう。

①卸売りルート

それぞれの業界の、専門卸売業者のルートを利用して、小売店に商品を流していく方法です。間接的ではありますが、一度にいくつもの小売店に流すことのできるルートです。できるだけ力のある卸売業者と組むようにしましょう。卸売りルートのデメリットは、粗利率が多少低くなることが多いことがあげられます。

②小売店ルート

卸売りルートを通さず、店にダイレクトに商品を流していく方法です。最近は小売店とはいえ、多店舗展開をしている大型小売店チェーン、ホームセンター、スーパー、百貨店など、大量に仕入れる店も増えています。そういった小売店と組むことによって、商品の知名度を上げていくことも重要な戦略になります。ただ、一般的な小規模小売店も多く、細かいロット対応を要求される場合も多いのも事実です。

③同業者ルート

同じ業界の輸入業者のルートに、商品を流していく方法です。輸入業者は専門分野に特化していくことで、他社との差別化をはかろうとします。しかし、一方では卸売業者や小売店から、幅広い商品を要求されるというジレンマも抱えています。そこで、同じフィールドの同業者に、業界用語でいう「横引き」という方法で、商品を流していく方法です。同業者同士なので、粗利の面からみるともっとも低い相手になりますが、心強い相手になります。エリアを決めたり、商品をオリジナルにしたりすることによって、販売網を広げることが可能です。

④通販会社、TVショッピング会社ルート

特許がらみの商品、日本初上陸の商品、そして消費者の視覚に訴える訴求力が高い商品などは、このチャネルは有力な相手になります。特にTVショッピングはここ数年売り上げを急速に伸ばし今旬の販売先といえるでしょう。

⑤ネットショッピング会社ルート

最近、急激に増加してきているルートです。一般消費者からすると、自宅でじっくりと比較検討しながら購入できるというアドバンテージがあります。これからますます重要な相手になっていくことが予想されます。

以上が想定される主な相手です。それではそういった相手はどこで見つけるのかについて、みてみましょう。

①国内の展示会に出展する

展示会に出品することによって、一度に大量の見込み客を獲得することができます。展示会の場合、興味をもった人に対してだけ対応すればいいので、もっとも営業効率が高いということができます。また、その場で商談、受注もでき、結果が出るのが早いのが特徴です。

②ファックスDMを流して見込み客を発掘する

今や通信手段として、電子メールは欠くことのできないものになってきました。そのために、ファックスが使われなくなる傾向になっています。ですから、逆にファックスＤＭが、確実に顧客の手に取ってもらえる可能性が高まっています。最近では、あらゆる業界の名簿をもつファックスＤＭ会社も登場して、ファックスの送付サービスをしてくれています。電子メールと違って、ファックスは一度は目を通してくれる有力な方法です。

③商品のテイストに合う相手に直接電話をかけて面談のアポをとる

これもオーソドックスな方法ではありますが、意外とあっさりと会ってくれることも多いものです。相手は相手側で、売れる商品を常に探していますから、有効な方法です。また、相手との面談アポイントの代行業者がいます。多少のコストはかかりますが、アポ取りのわずらわしさから解放され、売り込みに集中できるというメリットがあります。

大須賀アドバイザーのオフィス

今日は、渡部君が一人で大須賀アドバイザーのオフィスにきています。どうやらなにかを聞きたいようです。

渡部「先生、こんにちは。今日は、お時間いただいてありがとうございます」
大須賀「渡部さん、よくいらっしゃいました。今日はあらたまってどうかしましたか?」
渡部「先生。今回は、久保木さんからのオーダーに基づいて輸入をしましたよね。ですから、販売については、ほとんどなにもしなくても完結しましたけど、通常、販路の確保って難しいんですよね。足立先輩もそういってました。そうなんでしょうか?」
大須賀「ある意味そうだといえるね。これは、輸入に限らずそうでしょう。いかに集客をして、固定客に育て上げていくかというのは、すべての商売の基本ですからね」
渡部「私自身が、物の販売っていうものをしたことがないので、なんとなくピンとこないんです」
大須賀「やってないと、なかなかピンとこないのかもしれないね。でもね、渡部さん。販売は、営業ですよね。営業は、実はすべての人が生まれたときからすでにやっているんですよ」
渡部「えっ、どういうことですか」
大須賀「赤ちゃんってよく泣くでしょう。あれって何だと思います?」
渡部「先生。すみません。おっしゃっていることがよくわかりません」
大須賀「そうだね。こういうことなんだ。赤ちゃんは、お母さんになにかをしてほしいときに泣くんだよ。たとえば、おっぱいが欲しいときとか、おしめを替えてほしいときなんかにね。赤ちゃんは、話せないから泣くことで訴えているんだ。これって営業でしょう」

渡部「……」

大須賀「人間は、遺伝子レベルでは、営業する要素は生まれたときから組み込まれているんだよ」

渡部「うーん、なんかとっても含蓄がありますね。赤ちゃんは、営業してる、か。そんなこと考えもしませんでした」

大須賀「だってそうでしょう。人間の一生は、毎日がお願いの連続でしょう。これもある意味営業でしょう。私は、そう考えています」

渡部「そういわれればそうですよね」

大須賀「そう。だから、営業もまったく同じだと思うんだよね。相手にいかにメリットがあると思わせるのかが最大の鍵だと考えています」

渡部「先生は、営業も27年のキャリアがあるんですよね。先生が考える販路づくりについてぜひお伺いしたいのですが」

大須賀「興味ありますか？」

渡部「ぜひ！」

4-5 販路は、どのようにつくるのか

輸入ビジネスとは、輸入した物を販売することによって完結します。輸入ビジネスとはいえ結局は物品販売（物販）だからです。

輸入ビジネスについて説明してきた最後に、私なりの販売戦略を伝授しましょう。

私の主宰するＩＰＣ（インポート・プレナーズ・クラブ）では輸入ビジネス三原則として次の三つを重要視しています。

1. 最初にいきなり商品を買わないこと

いい商品に出会うと、誰しも嬉しさと喜びのあまり、日本の市場性や品質、パッキング、条件などを精査せずに、いきなり発注してしまうことがあります。そして、送られてきた商品の完成度が低いのに驚くのです。まずは、すべての条件を念入りにチェックすべきです。

2. サンプルをもって市場調査をすること

正式な契約を結ぶ前に、必ず市場調査をしましょう。できれば、お客様と面談し、商談を兼ねた調査をします。現実的には、お客様の要望に沿って変更するところがあれば、要望に沿

いながら、実オーダーまで持ち込んでいくのがベストです。

3．顧客の意見を最重視

いくらいい商品であっても買い手がつかないものは、商品としての意味をなさないでしょう。輸入品は通常オーダーを受けてから生産に入ります。ですから、多少の変更は可能なのです。日本のメーカーのように、「ありもの」を販売するわけではないので、お客様の要望に応えやすいという強みをいかします。そして受注後発注することです。

◆輸入ビジネスをはじめるにあたって、まず最初にしなければいけないこととは？

まず、あなたの「立ち位置」を決める必要があります。では、「立ち位置」とはなんでしょうか。

それは「誰に？」「なにを？」「どう？」売るかです。ちょっとわかりづらいでしょうか。では具体的に説明しましょう。立ち位置に入る前に、まずは商品流通のしくみをみてみることにしましょう。販売のスタイルには、大きく分けて次の二つに大別されます。

①メーカー ➡ 問屋 ➡ 小売店
（B to B）

②小売店（B to C）➡一般消費者

あなたが、自分で輸入した場合は、日本の法律上、輸入者がメーカーという扱いになります。メーカーとして、問屋、小売店、一般消費者に販売が可能です。

では、なぜ「立ち位置」を決める必要があるのかについてお話ししたいと思います。理由は二つあります。

一つ目はそれによってプライス（値段）のつけ方が決まるから。二つ目はそれぞれのルートに対するあなたの適性がわかるからです。

◆すべての販売における大前提とは？

物の売買は、あくまで「人対人」です。すべての人が物の購入にいたる大前提、それは「感情」です。

すべての人は、「感情」が動いたときにしか物を買わないといわれています。人は「心」に「響いた」ときにしか、物を購入しないのです。

結局、人は「物」を買うのではなくて、買うことによって得られる「結果」や「便益」を買うのです。ですから、お客様の「感情」を踏まえた上で、販売営業におけるキーパーソン「バイヤー」の傾向を知る必要があります。

バイヤーのタイプは2種類です。

オーナー型（経営者サイド）と担当バイヤー型（サラリーマン）です。

この両者は、購入にいたる動機（感情の揺れ）がまったく違います。オーナー型とバイヤー型の両者はそれぞれに「響く」ポイント、得たい「結果」がまったく違います。

オーナー型は、儲けを中心に商品を見ます。これを販売することによって、得られる利益を最優先させます。いかに売上に直結するのか。この一点に絞り込んで話を進めていくといいでしょう。

それに対してバイヤー型は、とにかく多忙なせいか、面倒なことを嫌う傾向があります。単品の提案より、セット提案やコーナー提案、坪提案など、利便性に重きを置く傾向があります。バイヤー自身の負担（時間、手間、利便性）を代行してくれる業者が重宝されやすいのです。

では、そういった業者さんに、どのようにアプローチしていくのかをみていきましょう。

あらゆる営業シーンにかかせない最重要・最強ツールとはなんでしょう。それは「テレアポ」です。直接、目指す相手に電話をかけて、相手と話すこと。それこそが最重要・最強営業ツールです。

大多数の人は、テレアポを嫌うでしょう。しかし輸入者は、日本国内ではメーカーとして処遇されます。バイヤー制度をもつ大きい会社ほど、驚くほど簡単に会ってくれます。これは当然です。バイヤーにとっては、物を買うことが仕事なのですから。遠慮することなしに電話をしてみることが大切です。

案ずるより産むが易しです。具体的には、以下のことを心がけながらやってみてください。

●大須賀式バイヤー「テレアポ」必勝三つの心得

・かける相手を吟味する
・得たい結果を認識する
・話は自分から終える

基本的には、あなたが売り込みたい業界のトップからかけるのが定石です。なぜなら、前述したように、バイヤー制度があるところでは、受付の女性が電話に出てきます。礼を尽くしてバイヤーにつないでほしい旨のお願いをすると、あっけないほど簡単に目的のバイヤーとコンタクトが可能です。

●大須賀式バイヤー「テレアポ」必勝三つのマニュアル

・スクリプトは参考程度
・毎回必ず名前を聞く
・嘘はつかない

「電話」はとにかく練習するしかありません。自分宛の営業電話で、自分の感情のゆれを感じましょう。録音して聞くのも効果的です。

◆すべての販売ルートの良い点悪い点、攻略上の注意点とは？

ここでもう一度、おさらいをしましょう。一般的な商品流通のしくみは、

メーカー ⬇ 問屋 ⬇ 小売店 ⬇ 一般消費者

という順番で流れていきます。それを踏まえた上で、それぞれのチャネルの特徴をみていきましょう。

1）問屋
〈良い点〉
比較的たくさん購入。商品が1種類でもＯＫ。1回の営業で継続性がある
〈悪い点〉

利益率が低い
納期に厳しい
〈攻略上の注意点〉
商品としての安全性、安心感があること
手持ちの在庫としてある程度の数量（1種類でもOK）があること
他社にはない独自の売り（USP）があること
〈具体的な攻略方法〉
テレアポ（担当バイヤーに、アポイント）で面談を取り付ける
国内の展示会に出展して商談する
ファックスDMで見込みをつけて商談に持ち込む

2）小売店
種類は大きく分けて六つあります。
①百貨店
②GMS（大手総合スーパー）
③全国チェーン店、大型店

④一般小売店（中、小規模）
⑤通販（TVショッピングも含みます）
⑥ディスカウントストア

この他に最近増えてきたネットショップなどもあります。

一つひとつ、その特徴をみていきましょう。

①百貨店

〈良い点〉

商品のステイタスが上がる。百貨店は、やはり小売業の王様であることは間違いがありません。有名百貨店に置くことによって、一つの看板になることは事実です。特に一番店で実績を積めば、いわゆる雪崩現象をおこして二番店、三番店、そして地方の百貨店へと入りやすくなります。

〈悪い点〉

支払い条件が厳しいことが多い。現在では、百貨店もよほどのことがないと新規の取引口座をつくることがなくなってきています。商談が成立すると、百貨店付きのベンダーとよばれる問屋さんを紹介されて、彼らを通して納品をすることも多くなっています。運よく直口座がとれたとしても、完全に買取してくれることはまれです。いわゆる消化仕入れとよばれる、売れたら支払い対象になる売仕、納品すれば支払い対象にはなるが、ある一定時期が過ぎれば返品されることもある委託という条件での取引になりがちです。また、商品の安全性については、百貨店の最大の関心事ですので、品質は十分に練る必要があります。さらに百貨店の特性上、いろんな売り場があるために、担当者の商品知識が完全でない場合も多いので、じっくりと説明をする根気強さも必要になります。ゾーン提案などある程度の商品数が要求されることも多いでしょう。販売応援など手間がかかる場合があることも頭にいれておきましょう。

〈攻略上の注意点〉

一番店から狙う

ゾーン提案（バイヤー負担を減らす）

ベンダーの活用（商品選定は百貨店側に）

〈具体的な攻略方法〉

テレアポ（担当バイヤーにアポイント）

展示会に出展する

②ＧＭＳ（大手総合スーパー）

〈良い点〉
販売力があり、基本的には商品は買い取りで販売にあたってくれる
〈悪い点〉
提案した商品が売れない場合は、単発の取引で終わることが多い
自動発注システムに対応しなければならないことがある
〈攻略上の注意点〉
ゾーン提案（バイヤーの負担を減らす）
〈具体的な攻略方法〉
テレアポ（担当バイヤーにアポイントをもらう）

③専門チェーン店、大型店
バイイング（購買）の仕方で2種類に分かれます。一つ目は、セントラルバイイング（本部仕入）とよばれ本部、もしくは本社のバイヤーが商品の発注権をもつパターン。二つ目は、ショップバイイング（各店仕入）とよばれ、各ショップのバイヤーもしくは担当者が、その地域性や傾向を考慮して発注をするタイプです。

●セントラルバイイング（本部仕入）
〈良い点〉
本部バイヤー一人に対しての営業で成約すれば、全店に商品を入れることができるので、営業効率がいい点が最大のメリット
〈悪い点〉
逆も真なりで決まらない場合売り上げが0になる可能性がある
〈攻略上の注意点〉
一般的に、本部バイヤーとショップバイヤーとの間では、商品の選定に対して、必ずしも同じ考えをもっているとは限らず、せっかく本部バイヤーとの商談で決定した場合でも、お店によっては、現場段階で納入ができない場合があります。バイヤー自身の負担を減らす意味においても、ショップバイヤーとの関係も無視はできません。また、そういった観点から納期に遅れることは、本部バイヤーの顔をつぶしてしまうので、もっとも避けなければならないことです。
〈具体的な攻略方法〉
テレアポ（担当バイヤーにアポイントをもらう）
展示会に出展する

●ショップバイイング（各店仕入）

〈良い点〉

納期など密接な人間関係を背景に、ある程度融通をきかせることができる

〈悪い点〉

一店一店そして何回も何回も営業をしなければならない

〈攻略上の注意点〉

ショップバイイングとはいえ、最初は本部のバイヤーに連絡をして了解を得るショップバイヤーは、同じチェーンの他店の動向を気にします。ですから他店でいかに売れているかを強烈にアピールしていくといいでしょう。また、力のあるキーパーソンは誰かを調べ、関係を築くようにします。

〈具体的な攻略方法〉

最初に本部の許可をもらって各店ショップバイヤーに個別にアポイントをとり商談する。また名簿をもらってファックスＤＭを打っていくのも効果的です。他のチャネル同様展示会に出展するのが効果的なのは、いうまでもありません。

④一般小売店（中、小規模店）

〈良い点〉

オーナーとの直接の商談が多いため、商品の利益率、売れるかどうかをアピールできれば、決定が早い。良好な人間関係をつくることにより長い取引関係をつくることができます。

〈悪い点〉

中小店舗が多いため、1回の発注数がまとまらないことが多いです。細やかな対応と、デリバリー体制をもつ必要があります。また、そのオーナーに嫌われると、取引も終わってしまうことも多いので、対応には細心の注意を払う必要があります。

〈攻略上の注意点〉

商品の優位性、売れ行き、粗利率などはもちろんですが、オーナーの心をつかむことが大事になります。誠意ある対応がもっとも重要になります。できれば、お互いに高めあえるような人間関係を構築し、お友達感覚で接することができれば、最高のパートナーになれる相手です。

〈具体的な攻略方法〉

ファックスＤＭを使って見込み度をチェックして、個別に電話、メール、場合によっては訪問して商談をする。展示会に出展するのは、最大の攻略方法です。

⑤通販（TV、カタログ）

〈良い点〉

一部有料の場合もありますが、大体の場合、無料で彼らの宣伝媒体（TV、カタログ）に露出できるため、ヒットした場合は、大量の売上になります。この業界は、特に常に新しい商品を探しているため、商品に新奇性がある場合、比較的簡単に取引関係に入れることが多いのも特徴です。

〈悪い点〉

一番の難点は、宣伝媒体に露出する前に、商談で販売目標とした金額分の在庫を抱えなくてはならないことです。たとえば3000万円の目標であれば、3000万円分の在庫を確保しなければならないため、資金繰りをよく考えて取り組まなければなりません。それでも売れれば問題ありませんが、万が一、目論見が外れた場合は、その在庫リスクは自らが負わなくてはならないからです。万が一を考えて、外れた場合の販売先も考えておく必要があります。彼らの特徴として納期が命です。商品が間に合わなければ、罰金などということもあり得る業界です。事前の打ち合わせを綿密にしましょう。

〈攻略上の注意点〉

TVや写真写りの良い商品、日本初上陸、目新しいものなどは、もっともこのチャネルに適した商品です。また、商品のうんちくが重要視されます。この商品の他商品との違い、この商品ならではのポイントを明確にすればするほど、ヒットする可能性が高まります。そして在庫を抱えることを覚悟してから取り組んでください。

〈具体的な攻略方法〉

　絵的に優れている点を強調しながら、ピンポイントでアポをとって、可能であれば現物持参の上、商談する。もちろん展示会に出展して、こういった業者と商談のきっかけをつくることは、この業界でもあてはまります。

⑥ディスカウントストア

〈良い点〉

　一種類の単品提案でも、商談が可能です。この業界は安価なものを大量に購買するので、在庫処分などが可能になります。しかも場合によっては、引き取りに来てくれることも多い。また現金払いも多く資金循環面を考えると即効性があります。

〈悪い点〉

　一般的に、とにかく利益が薄いのが最大の難点です。販売というよりは、処分するという感覚に近いのです。その商品寿命が終わってしまうことも考えて、処分や換金、目論見違いなどのときに使う特殊なチャネルといえます。

〈攻略上の注意点〉

特価、値ごろ感、お得感のある商品でないと相手も動かない。ある程度の量感も同時に求められるので、いっぺんに売りさばくつもりで交渉にあたる必要があります。

◆具体的な攻略方法

担当バイヤーに電話でアポをとり、商談に行く。商品が大量にある場合は、倉庫に出向いてもらう。驚くほど簡単に会うことができるチャネルです。

以上が販売先の代表的なものですが、実はこれ以外に有力なチャネルがあるのをご存じですか。「販売先に困ったらここに売れ」という、究極の売り先をお教えしましょう。

それはメーカーであるあなたがメーカーに売ること。

輸入業者は、国内ではメーカーの立場になることは前述しましたね。

つまり「同業者」に売るのです。仲間業者こそが究極、最高の売り先です。それはなぜか。考えてみましょう。

一見すると、同業者はライバルではないかと思われる向きもあるでしょう。もちろんライバルでもあることは事実です。輸入業者が、通常お客様に求められるのは、その専門性です。

つまり、他とは差別化された商品があるから取引関係に入ることができるのです。専門性を追求すれば、巨大な企業は別ですが、商品ジャンルを絞らなければなりません。しかし、一度取引がはじまると、親密になればなるほど幅広い商品提案を求められるようになります。「こんなのない?」とか「あんなのを探してきて」という風になってくるのです。かといって限られた資本では、新たな専門外の商品に投資するのはリスクが大きいでしょう。

そんなとき、力になってくれるのが同業者です。業界用語で「横引き」とよばれる手法で、お互いの商品を必要な数だけ仲間卸をしてもらうのです。こうすれば、輸入業者、仲間の同業者そしてお客様三方がウィン－ウィンな関係が築けます。

いかがでしょう。そうは思いませんか。ではもっと詳細をみてみましょう。

〈良い点〉

お互い同業者として立場を理解しているため、納期に関してクレームになりにくい。また、細かいことは相身互いで、一切いわないことが多い。自分の販路以外にも自社製品を、間接的ではあるが販売できるため、結果的に販路が拡がります。

〈悪い点〉

お互い業界に熟知しているため、値段がわかっているので利幅が少なくなりがちです。攻略上の注意点、お互いのメリットを伝えつつ、真摯に訴えれば必ず響きます。

では、同業者はどうすれば探せるのでしょうか。一切費用がかからず、簡単な方法がありま す。それは国内で催されている「展示会」に行くことです。

そこでは、メーカーや問屋がひしめいています。そこで、お客としてではなく、同業者とし てあくまで営業をかけるのです。そのとき、ちょっとしたコツがあります。

それは、まずはあなたがお客様になること。そうすれば、あなたの営業もスムーズにいきま す。そして同系統のあなたの商品も増えるし、バーター（物々交換）取引だと、キャッシュも いりません。

いかがでしょうか。販路を見出すことで、輸入ビジネスが現実的なものになってきませんか。

コラム3 輸入業者の営業のコツ

国内メーカーの営業と比べて輸入業者の営業は、簡単なのです。どうしてだと思いますか。
それは、輸入品の性質によるものなのです。

詳しく説明しますね。通常国内メーカーの商品は、すでにできあがったものを販売しますね。ですから極端な話、商品が良かろうが悪かろうが、それをあるがまま売らなければなりませんね。ですから、強引な売り込みにならざるをえません。よくある応酬話法などというものはその典型ですよね。極論すると、白のものを黒といわなければならない場合も発生してしまいます。

一方輸入品は、一般的にはつくり置き、つまり輸出者が在庫をもっているわけではありません。オーダーしてお金を払った時点で、製造に入るのです。ということは受注生産ということになりますね。これは、裏を返せば、悪い点やニーズに合わない商品は、仕様の変更や相手の要望に沿って、つくり変えることができるということですよね。

ですから、こんな感じで営業は進みます。

私「今日はこんな商品を探してきました。もちろん、これが完璧な形だとは考えていません。どうしたら売れる商品になりますか?」

女性バイヤー「そうね。全体的にはいい感じなんだけど、その顔があんまりかわいくないわね」

私「ありがとうございます。ではどのように変えるといいと思いますか?」

女性バイヤー「こんなふうだといいわね。それから、今はたんなる飾り物は売りづらいのよ。なんか実用的な機能もほしいわね」
私「なるほど。ありがとうございます。具体的にはどんな機能がいいですかね？」
女性バイヤー「そうねぇ、こんな感じはどう？」
私「いいですね。そのようにします。そのようになった場合、何個くらい必要ですか？」
女性バイヤー「そうねぇ、1000個位かなぁ」
私「ありがとうございます。早速、そのように手配いたします」

いかがでしょうか。
商談時間60分のうち、相手の意見を聞く時間が59分で売り込みは1分。これは私の実体験です。バイヤーとしては、商品制作にかかわることによって、商品に対する責任とある種の愛着がわくのです。共同で商品をつくる喜びがあるのです。これが究極の売り込まなくても売れる「秘密の商談法」です。

Part II 輸出編

前回の久保木インテリアの輸入業務で成功した渡部君。その活躍が認められて、今回は日本の工芸品の輸出業務を、担当することになりました。今回も足立先輩との二人三脚です。さっそく大須賀アドバイザーに連絡します。

電話にて

渡部「先生、渡部です。前回は大変お世話になりました。また先生にご相談がありまして、お電話しました」

大須賀「こんにちは。お元気そうですね。いいですよ。今回はなんですか？」

渡部「ちょっと長くなるので、お会いしてお話ししたいのですが」

大須賀「お急ぎですか？　明後日、別件で御社に伺うのですが、そのときでも間に合いますか？」

渡部「大丈夫です。別件が終わり次第、声をかけていただけますか？」

大須賀「わかりました」

村上物産の応接室

渡部「先生。今日はお時間ありがとうございます。実は、今回は輸出業務を担当することになりました。また先生にいろいろとお知恵をお借りしたいと思って、お時間をいただきました」
大須賀「そうですか。わかりました。なにからはじめましょうか？　そうそう、まず輸出相手は決まっているのですか？」
渡部「はい、決まっています」
大須賀「そうですか。じゃ、今回は輸出の手続きについて、任されたということですね？」
渡部「はい。依頼者は地方の小さな陶器の工房です。先般のドイツで開かれた展示会、アンビエンテに出展して大好評だったらしいんです。いろんなところから引き合いがきて、今回正式契約となり、わが社に依頼をされてきました」
大須賀「それは、いい話ですね。日本の物にはすぐれたものが多いのです。価格的な面で、なかなか折り合いがつかないことも多いのですが、素晴らしいことですね」
渡部「はい、とってもよろこんでいました」
大須賀「かなりご苦労されたんでしょうね。わかりました。基本的には、輸出は輸入の裏返し的な要素が強いですから、違うところを重点的に押さえましょう」

第5章

輸出取引のしくみと手順

5-1 輸出取引の流れ

輸入取引のときと同様に、まずは、全体像をおさえるところからはじめましょう。輸出の大まかな流れは以下の通りです。

①市場調査
輸出は、海外への売り込みです。相手国に需要があるかどうかの可能性をさぐります。これをフィージビリティスタディといいます。

②輸出商品の決定
市場調査に基づいて、輸出商品を決めます。

③取引先の発掘
いわゆる海外営業、海外での展示会への出品などで顧客の獲得をします。もちろん、費用対効果を考えて発掘にあたります。

④信用調査
文化も習慣も違う人々との取引ですから、相手の経営状態、背景などは十分に調査します。

⑤法的規制の確認
基本的には、輸入者サイドで確認すべきではありますが、輸出者サイドも相手国の規制については、知っておく必要があります。

⑥輸出交渉
輸入者サイドで取引の意思を示したら、貿易条件の細部についての交渉をします。

⑦契約締結
お互いの合意に基づいて、契約の締結をします。

⑧信用状（L／C）の入手
信用状については前述しましたが、輸出者としては、回収の確保をはかるためには、前金送金、もしくはこの信用状取引にすべきです。

⑨信用状の内容確認
信用状と契約書は、完全に一致しなければ、船積後お金を受け取れないケースも発生します。受領後は入念にその内容をチェックします。

⑩船腹手配
配船表などを参考にしながら、本船を決定します。決定後、船会社に申し込みます。

⑪海上保険契約・外国為替の予約

貿易条件がＣＩＦ条件などの場合は、輸出者が海上保険を手配します。そして必要に応じて、輸出代金回収までの為替差損の発生リスクに備えて先物為替の予約をします。

⑫船積書類の整備

船積書類は、信用状に記載されている書類を指します。基本的にはインボイス、パッキングリスト、運送書類、原産地証明書などがその代表的なものです。

⑬通関業者への通関依頼

船会社に正確な運送書類を作成してもらうため、船積書類とともに船積依頼書（Shipping Instruction）を作成して、通関業者に渡します。

⑭輸入者への船積通知

船積完了次第、輸入者に船積に関する情報（船名、インボイス番号、数量、金額、積み込み日など）を通知します。

⑮船荷証券の取得

貨物を出荷し、船荷証券を取得します。

⑯銀行へ荷為替手形の買取を依頼

信用状に基づいて荷為替手形を振り出し、信用状記載の運送書類とともに買取銀行に持ち込みます。

⑰代金の受取り
買取銀行は、書類の記載事項と信用状の条件が一致していることを確認して、輸出代金を支払うことになります。


大体の流れは、把握できたでしょうか。

それぞれの詳細については、各パートで説明を加えていきます。

コラム4 Made in Japan はれっきとしたブランド!?

私たち日本人は、今現在、奇跡の国に住んでいます。

世界レベルでみると非常に高い商品基準の中に住んでいるのです。皆さんも海外に行ったとき、そんなことを考えたことはないですか。アメリカ、イギリス、フランス、ドイツ……。どこに行っても、私たちの日本ほど品質基準の平均が高い国はないのです。

ですから日本にいると、そのことのありがたみがなかなか実感できませんよね。だって考えてもみてください。日本のあるメーカーの不良品発生率はなんと０・０２％といわれています。0・02%ですよ。すごいと思いませんか。ほぼ0と同じですよね。これからみると、某国の10%なんていうのはお話になりませんよね。

私が地元の商工会議所からの依頼で、地場産品の海外進出のコンサルタントをしていたときのお話をしましょう。フランスの展示会に出品したときのことです。展示ブースでお客様の相手をすると、必ずといっていいほどこんな会話が繰り返されたのです。

お客様「どこからきたの？」
私「日本です」
お客様「そう、それじゃあ、これ高いよね。でもきっとすごくいいものなんだね」

まだ価格の話をしていないにもかかわらずです。

五日間にわたりブース（売り場）に立っていましたが、見事なくらいに同じやりとりの繰り返しなんです。「Made in Japan」は、世界では、超高値で高レベルの品質の商品とイコールなのです。

隔世の感がありますね。私が生まれた昭和三〇年代は、海外では日本製品はチープな粗悪品というイメージでしたから。

これは大げさに書いているのではなく、現実です。ですからわれわれは、輸入でも輸出でもこのブランドを最大限に利用していいと思います。そしてもっともっと世界に出ていくべきだと思っています。

ぜひ挑戦あれ！

貿易部オフィス

輸出規制について調べるために、足立さんと渡部君の二人はパソコンをのぞき込んでいます。

足立「えーっと、依頼は陶器だったわよね。問題ないとは思うんだけど念のためにチェックしとかないとね」

渡部「依頼者自身も、確認はすんでいるっておっしゃってましたけど」

足立「渡部君は、どうなの。自分で調べてみたの？」

渡部「ざっと目を通した程度なんです。大丈夫ですよね」

足立「そうね。今、見た感じでは問題なさそうね。でもどうしようか。念のために先生の話も聞いてみる？」

渡部「そうですね。そうしましょう」
足立「じゃ先生の都合聞いてみて」
渡部「はい」

渡部君、早速先生に電話することになった。

渡部「先生、渡部です。今、足立先輩と今回の依頼の打ち合わせをしてたんですけど、輸出規制の件で、先生のお話をお聞きしたいということになりまして、お電話いたしました」
大須賀「伝統工芸品の輸出の件ですね。確か陶器だとお聞きしました」
渡部「そうです」
大須賀「基本的には、問題ありません。規制についてまとめたレポートがありますから、今メールでお送りしましょう。念のためにね。この際だから、規制について知っておくようにしましょう」
渡部「ありがとうございます」

5-2 輸出で知っておきたい法律と規則

輸入のときと同様に、輸出は原則自由ですが、輸出貿易に関する規制には、次のようなものがあります。

◆「外為法」と「輸出貿易管理令」に基づいて、許可または承認を必要とするもの

①許可を要するもの

主に戦略物資、化学兵器、ミサイル関連品目などです。一般の輸出ではあまり関係ないので詳細は割愛します。

②承認を必要とするもの

かなり多岐にわたるのですが、おおまかに分類すると次のような感じになります。

a．ある特定の貨物の輸出（輸出貿易管理令・別表第2の貨物）

たとえば、ワシントン条約にかかわる動植物、輸出禁制品など

b．委託加工貿易契約に基づく輸出

これは輸出国に加工を委託し、完成した製品を全量輸入する契約を結んだ上で、その加工のための原材料を輸出する輸出パターンです。輸出入が一体化した特殊な形態です。

◆「輸出入取引法」に基づいて承認を受けなければ輸出できないもの

この法律の「不公正な輸出取引を防止し、……外国貿易の健全な発展を図ること」という目的を果たすため、一定の貨物や一定の仕向け地向けの貨物は承認を必要とします。「不公正な輸出取引」とは、たとえば、原産地を偽った貨物や、相手国の工業所有権などを明らかに侵害している貨物、契約条項などで著しく公正さに欠く取引があげられます。

◆国際条約に基づき輸出の制限がされているもの

ＧＡＴＴ、ＩＭＦ協定などの貿易に関する一般協定や、オゾン層保護のためのモントリオール議定書、有害廃棄物の国外流出防止のためのバーゼル条約が主な例になります。

◆ワッセナー・アレンジメント

通常兵器および関連汎用品・技術の責任ある輸出管理をすることにより、通常兵器の過度の移転と蓄積を防止することを目的として成立した、国際的輸出管理体制です。

①キャッチオール規制

大量破壊兵器などの不拡散の強化をはかるために、平成14年4月1日から実施されているもので、関税定率法別表記載の一定の貨物について、最終用途・最終需要者の確認を輸出者に要求しています。

②日本国内の輸出を管理する国内法

輸入の場合と同じようにさまざまな規制がありますが、代表的なものをあげておきます。

・麻薬及び向精神薬取締法・覚せい剤取締法
・文化財保護法
・アルコール専売法
・鳥獣保護及び狩猟に関する法律
・真珠養殖事業法

この他、輸入を管理するものと共通のものもたくさんあります。実務レベルでは、具体的な貨物についての輸出の許可・承認に関しては、経済産業省や税関に問い合わせて、最新の情報を入手の上手続きを進めるようにしてください。

貿易部オフィス

ここは村上物産のオフィス。例によって足立さん、渡部君の二人がミーティング中。
今回の輸出について打ち合わせです。

足立「今回の輸出案件はすてきよね。田舎の小さな工房が世界を相手に輸出するなんてね」
渡部「そうですね。ロマンがありますよね」
足立「でも、輸出相手をよく見つけたわよね。大商社ならともかく、地方の小さな工房が海外に相手を見つけるとなると、大変な時間とコストがかかるものなのにね」
渡部「足立先輩、経産省のジャパンブランド事業って、ご存じですか？」
足立「えっ、なにそれ？」
渡部「えっへん、知らないんですね。それではこの不肖渡部がご説明いたしましょう」
足立「なによ。あらたまっちゃって」
渡部「えへへ、たまには威張らせてくださいよ。こんなときじゃないと先輩にレクチャーするなんてないですからね」
足立「わかったわ。お願いします。渡部せんせ」
渡部「ラジャー。ジャパンブランドとは、優れた地域資源をもっている地域の商品の魅力や価値を高めて、全国、さらには海外にも通用する高い評価を確立するために活動する事業体を、国が総合的に支援する事業なんです。簡単にいうと、地域社会のすぐれた技術や価値を広めるために、ある程度の基準をみたした事業体に、国が補助金を出すってことですよ」

足立「ふうーん、そういうのがあるんだ」
渡部「今回の依頼者の工房、樹工房っていう小さな工房なんですけどね。そこがそのスキームでドイツのアンビエンテ展に出展して高い評価を受けて、今回の契約につながったらしいです」
足立「そうなの。すばらしいわね。普通だと海外に販路を探すのは大変なのよ。渡部君、知ってる?」
渡部「以前、本のフローチャートで見たことは、あるんですけど、正直いうと、具体的なイメージはちょっとわきません」
足立「そうよね。これを機会にみておきましょうか」
渡部「はい」

5-3 海外の輸出先を探す方法

最近は、日本の親会社から子会社へ、もしくは日本の子会社から親会社への輸出も増えてきています。しかし、輸出貿易の基本は、海外企業への売り込みです。

国内においても、売り込み、特に新規開拓は非常に難しい活動です。ましてや、言葉・文化・習慣・宗教の違う外国人のお客様を見つけるのは、根気と粘り強さが必要となります。

それでは、具体的にどのように見つけるのかをみていきましょう。

輸入の場合と同じになりますが、大きく分けて、国内で見つける方法と海外で見つける方法があります。

◆国内で見つける方法

①同業者、取引銀行、現地の知人からの紹介
現地企業に強いコネクションをもつ同業者、銀行、知人などの紹介は、特にコネクションを重要視する国（たとえば中国など）では、有力な方法です。

②ＪＥＴＲＯ（日本貿易振興機構）の活用
ＪＥＴＲＯのホームページ（http://www.jetro.go.jp/indexj.html）をクリックして、ＴＴＰＰ（Trade Tie-up Promotion Program）を見てみましょう。インターネットで国際的なビジネスパートナー探しを支援するページです。目的別、分野別で検索できるのでとても便利です。

③外国の大使館や領事館の商務部への照会
外国の大使館や領事館の商務部は、海外ビジネスの窓口的存在です。簡単にいうと、その国の貿易業の営業所のようなものと考えるとイメージしやすいと思います。最近は、日本

人スタッフが対応してくれることが多くなってきています。大いに活用しましょう。

④国内で開かれる国際見本市でさがす

海外から日本に販路を求めている業者が大半ですが、輸出業者は、自国向けには、輸入者である場合も少なくないのです。展示会に赴き、打診してみるのも一つの手でしょう。

◆海外で見つける方法

①海外の見本市に出展する方法

費用は多少かかりますが、もっとも効果的です。見本市でブースを訪れてくれるお客様は、なんらかの興味をもっているといえます。異国の地で、あてもなく飛び込みセールスをすることを考えれば、費用対効果はあるでしょう。しかも、現在海外の見本市に出展を考えている企業に対して、ＪＥＴＲＯや行政で出展費用の補助をしてくれる場合もありますので、問い合わせをしてみましょう。

②海外の業界誌、専門誌への広告掲載

海外の広告、宣伝メディアを活用する方法です。その雑誌の発行部数、ターゲット層など、影響力をリサーチの上、もっとも効果が高いものを見極める必要があります。

村上物産コーヒーショップ

輸出先のさがし方のレクチャーがすみ、二人はコーヒーブレークです。

渡部「相手をさがす方法もいろいろあるんですね」

足立「そうね。でも相手を見つけてからが、本番って感じなのよ」

渡部「というと?」

足立「輸出っていっても、最終的には売り込みにいきつくのよ。物販ってことね。だから営業活動をどうするかが重要になってくるのよ。わかるわよね」

渡部「ですよね」

足立「それから、売り込みなので相手の信頼性も重要なポイントね。回収あっての販売なの。海外の相手の信用調査は、プロにお任せするのも一つの方法だけど、それだけじゃ不足よね。どこかの時点で、相手に会っておくステップははずせないわよね。よく大須賀先生がそうおっしゃるの。必ず会って下さいって」

渡部「しょせんは人間対人間の取引ですからね。うなずけます」

足立「そうね。一回こっきりの取引じゃ採算割れしちゃうのよ。そういった意味でも、取引する相手の業界での位置なんかも知っておく必要があるのよね」
渡部「そのへんも樹工房さんにも確認しておきます」
足立「そうしてくれる?」
渡部「了解です」

5-4　輸出のための営業活動

輸出も突き詰めると物販です。これは輸入と同じです。

しかも、単発の取引では採算割れをします。できるだけ長期的な取引のできる相手を選定すべきです。

そのためには、自社の強みを生かした販売戦略を確立した上で、具体的な海外市場の開拓をします。販売戦略の具体策には以下のものがあります。

①どのような製品を選ぶのか（製品政策）
②いくらで売るのか（価格政策）

③どの販売チャネルに製品を流すのか（販売ルート政策）
④どのような販売促進策を用いるのか（販売促進政策）

その具体策が決定したら、輸出想定国の経済事情、商慣習、ユーザー動向を考慮の上、輸出商品の現地での需給状況、競合販売ルートなどを調査します。

輸出先候補が決まったら、次は相手の信用を調査する必要があります。相手はなんといっても外国人です。相手がどのような会社かを事前に知り、安全に継続的な取引が可能かどうか調べるのです。

次に、信用調査のポイントを説明します。

輸出先候補が見つかったからといって、いきなり取引に入るのはリスクがあります。では、いったいなにを調査するのかをみていきましょう。

まず調査内容ですが、一般的に信用調査の「Three C's」とよばれる三つのCについて調査をします。

①Character　相手先の社風、商道徳（経営者の人柄など）
②Capacity　相手先の営業実績（売上高、利益率など）
③Capital　相手先の資本状況（資本金、資産状況）

具体的な調査方法は以下のものが考えられます。

①銀行経由で依頼

国内の取引銀行を通して、相手を調査する方法です。銀行自体が顧客サービスの一環として行っているものです。しかしあまり深いところまでは知ることができないという一面があります。

②同業者経由で依頼

相手とすでに取引関係をもっている同業者を通じて調査する方法です。

③信用調査機関に依頼

いわゆる信用調査のプロに依頼する方法です。有名な信用調査会社にダンアンドブラッドストリートがあります。１９８９年に日本法人も設立され、ここからほとんど全世界の取引先の調査が可能です。

いずれにしても、長いパートナーシップを組む相手だとすれば、直接現地に赴いて、いろいろな角度から自分の目で確認するステップは外せないでしょう。

大須賀アドバイザーのオフィス

輸出の契約書作成のため事務所を訪れた足立さんと渡部君。

足立「先生。今日は、輸出の契約書の作成のポイントをお聞きしたいと思い、やって来ました。よろしくお願いします」

大須賀「順調に進んでいるようですね。わかりました。基本的には、輸入契約書の時に話したように、輸出契約書は、輸入契約の逆のものだと考えてください」

渡部「逆ですか？」

大須賀「そう、真逆ですね。つまり、こういうことなんだ。本来、輸入者と輸出者の利害は相反するという一面があるんだよね。これは、輸入のときに話したね」

渡部「はい」

大須賀「具体的にいうとね。たとえば、輸出契約書に盛り込むべき内容として、契約締結後であっても、材料費の異常な高騰があれば、値上げできる旨の条項などは、典型的な例でしょうね」

渡部「そんなことできるんですか?」

大須賀「それは、口にしてみなくては、わからないでしょう。自分の願望、要望は口に出してみないことにははじまらない。決めるのは相手ですからね。断られてもいないのにあきらめるなということです」

渡部「うーん、深いですね」

大須賀「みんな、お願いすることを躊躇してしまうんですね。でも私の経験では、お願いすると意外にあっさりとかなえられるものですよ」

足立「説得力ありますね」

大須賀「交渉ごとは、自分が思う倍くらいの要求をしたほうが、うまくいきます。お互いの利害がぶつかったときに、互いに譲歩する必要がありますからね。私も歩み寄るからあなたもここは、のんでくれって言いやすいじゃないですか。相手にだけ一方的に譲歩させると、そのときはそれでいいかもしれないけど、続かないでしょう。徹底的に痛めつけたら相手だって感情的におもしろくないはずですからね。喧嘩じゃないんだから、相手にも勝たせる部分もなきゃね」

渡部「ですよね。私がその立場になったら、そんな相手とは、二度とやりたくないなって思いますものね」

大須賀「誰しもそう思いますよ。人間は、感情で動きますからね。ですから要求は大きくしておいて、落としどころでスッと引いてあげるのです。相手もうんと言いやすいでしょう。いわゆるウィン―ウィンですね」

足立「それってすごいですよね」

大須賀「交渉事の基本ですよ」

足立・渡部「はい」

大須賀「いいですか。そこいらを含んで今回の契約書の作成をしてみましょう」

足立・渡部「はい。ありがとうございます」

5-5 有利に輸出契約書を交わす方法

海外の輸入者から注文書をもらったら、正式に受注する前に、輸出契約を結んでお互いの義務と責任をはっきりと明示すべきです。さまざまなトラブルを想定して、そのときにそなえるべきでしょう。

輸出契約書は、「SALES NOTE」もしくは「SALES CONTRACT」などのタイトルで、輸入の時と同じように自らが作成したものにサインをさせるようにしましょう。

作成方法は、輸入の時と同様に、表面にその輸出取引固有の条件、納期、明細を記入し、裏面に一般取引条項を記載していきます。

基本的には、輸入契約書と輸出契約書では、まったく逆の立場になります。ですから作成のパターンは同じですが、輸出者サイドに立った場合は、輸入契約書ではあげられていたものが、取り上げられないということもあります。

たとえば、契約の締結後の価格変更については、輸入契約書では認めないということになりますし、逆に輸出契約書では、やむをえない事由の場合は価格の変更を認めるなどはその典型です。

つまり、輸入の場合と同様に、相手が作成してきた相手に都合のいい契約書に、黙ってサインするようなことはすべきではありません。どうしても相手の作成したものにサインをしなければならないときは、絶対的に不利な条項に関しては、削除を申し入れるなりしてから契約するようにしてください。

具体的に輸出者の立場に立った場合は、以下のような条項を盛り込むべきです。

①ＩＮＣＲＥＡＳＥＤ ＣＯＳＴ（増加費用）

追加費用が発生した場合の輸入者負担を定義するものです。具体的には契約締結後、運賃の上昇、税金、War & SRCC リスクの保険料の上昇などにより、輸出者の負担が増加した場合は、すべて輸入者の負担とするものです。
これにより輸出者は、当初の利益を確保することができます。

②CLAIM（クレーム）

クレーム提起の期限の設定です。

輸入者からのクレームは、その種類や性質にかかわらず、ある一定の期限の間に公正な鑑定機関が発行した報告書を添付の上通知しない限り、輸出者は受理しないことができるということを規定しています。不当なマーケットクレームなどを防ぐことができる規定です。

③FORCE MAJEURE（不可抗力）

不可抗力の場合の輸出者免責です。

輸出者は、戦争、洪水、ストライキ、地震、貿易規制などの不可抗力の発生によって生じた契約の不履行は、責任を負わなくてもいいことを規定しています。これによって、想定外の出来事に対する危機管理ができることになります。

以上典型的なものを挙げてみました。

前述の輸入編と比べても真逆になっていることがおわかりになるでしょう。

また、これは輸入サイド、輸出サイドのどちらも共通なのですが、準拠法は日本の法律を適用させること、仲裁は日本の㈳国際商事仲裁協会の仲裁手続規制に従うことを盛り込むことが重要です。ちなみに準拠法とは、どちらの国の法律にのっとり判断するのかということです。

貿易部オフィス

契約も無事にすみ、輸入者からL／Cが届きました。ほっとしつつも、じっと見つめる渡部君。しかしなにをどう見たらいいのかわかりません。そこで足立先輩に聞くことにしました。

渡部「足立先輩。L／C届きました。ずっと見てたんですが、これでいいものなのかどうかわからなくて……」

足立「L／Cを受け取ったときに見るポイントがあるのよ。今日、大須賀先生が、別件で木戸部長と打ち合わせしてるはずよ。今3時だから、そろそろ終わるはずだし、先生に確認したいわよね」

渡部「賛成」

足立「そうよね。今、部長にお伺いをたててみましょう」

渡部「お願いします」

数分後、大須賀アドバイザーが貿易部にやってくる。

大須賀「やぁ、足立さん、渡部さん。元気そうだね」
足立・渡部「ありがとうございます」
足立「先生もお元気そうですね」
大須賀「ありがとう。元気のコツはなんだと思う？」
足立「なんですか？」
大須賀「元気そうにすることだよ」
足立「えっ。先生なんですか。それ、禅問答みたい」
大須賀「あはは、そうだね。でも、本当にそうなんだよ。自分自身で元気づけるってとっても大事なことなんだよ」
渡部「なるほどって感じですね。先生が言うとそれらしく聞こえるからこわいですよね」
大須賀「（微笑みながら）こわいは、ひどいなぁ」
足立「渡部君、そんなにからまないの。先生はお忙しいんだから」
渡部「はい」

足立「先生、今日、輸入者からＬ／Ｃが届いたんです。見る際のチェックポイントを再確認したいんです。ちょっとご教示いただけますか？」
大須賀「そうだね。とっても大事なステップだね。日本じゃ考えられないけど、せっかくもらったＬ／Ｃが偽物だったなんて、笑えない話もあるからね」
渡部「えーっ、そうなんですか？」
大須賀「そうなんだ。私のクライアントさんで実際あった事件なんだよ。だから必ずチェックしなければならないね」
渡部「おー、こわ」
大須賀「じゃ、一つずつ見ていこうか」
足立・渡部「はい」

5-6 信用状受領時のチェックすべきポイント

輸出者は、Ｌ／Ｃを入手したら、契約どおりであるかどうかチェックをしなければなりません。

信用状に書いてある条件と、船積書類の内容に違いがあった場合、銀行は買取をしてくれなくなるおそれがあるからです。
チェックすべきポイントは次の点です。

①輸出契約と信用状の記載内容は一致しているか
商品名、数量、金額、発行依頼人名、受益者名、信用状の有効期限、船積日、信用状の限度金額、船積書類の種類、必要枚数など厳密に一致しているかどうかを確認します。
②信用状発行銀行の信用度は十分か
必要であれば、一流銀行の確認のある信用状に換えてもらう。
③受け取った信用状が、取り消し不可能信用状であるかどうか
実際の現場では、取り消し不可能条件で発行されていますが、念のためチェックします。
④決済条件は契約通りか
⑤信用状統一規則適用文言、もしくは確約文言があるかどうかを確認

大須賀アドバイザーのオフィス

L／Cのチェックポイントをおさえた渡部君。今後のために、この機会を利用して、L／Cの

しくみを極めることになりました。

渡部「先生。輸入の際にも、だいだいの流れは押さえたのですが、輸出の場合ですと、より大事なしくみに感じます。詳しく流れを把握したいと思うのですが、ご教示いただだいてよろしいですか？」

大須賀「わかりました。貿易においては、Ｌ／Ｃはとても重要です。最近の傾向として、Ｌ／Ｃを使わないで、送金ベースでの支払いに移行しつつあることは、事実ですけどね。でもやはり、押さえておくべきしくみだね。特に輸出者にとっては、まさに命綱という感じなんだ。相手が見えない分、相手方の銀行の保証なしでは、商品の調達もできないよね」

渡部「そうですよね。なにがあるかわからないのが国際ビジネスですからね」

大須賀「そうそう、慎重に、かつ大胆に取り組む必要があるね。Ｌ／Ｃ自体は、輸入者と輸出者のお互いの利益を守るようにできているので、ちょうど中間くらいの立場でつくられていると思うとわかりやすいんだ。つまりね、輸出者と輸入者、それぞれのサイドから見た長所と短所があるっていうことなんだ。まずここからはじめて、信用状のアメンドについても話を進めていこう」

渡部「アメンド?」
大須賀「順番に説明しますから、大丈夫ですよ」

5-7 信用状のしくみと実務を極める

信用状についていては、もう何度も出てきましたが、ここで整理しておきましょう。

信用状は、正式には「荷為替信用状」とよばれ、信用状の開設銀行を通すことによって、代金の回収を確実なものにする決済方法です。

ではその長所と短所を、輸入者と輸出者サイドからのぞいてみましょう。

◆輸入者サイドからみた場合

〈長所〉
・商品代金を発注時に前払いで送金の必要がなくなるので、資金繰りがしやすい
・多額の取引が可能になる
・銀行の信用を利用して、即座に取引関係に入っていける

・輸出地の買取銀行が貨物の出荷を確認してくれるため、代金だけをだましとられることがなくなる

〈短所〉

・銀行とのある程度の信頼関係に基づく取引をしていないと、信用状を発行してもらいにくい

・信用状開設にかかる手数料が発生する

◆輸出者サイドからみた場合

〈長所〉

・信用状開設銀行が支払いを保証してくれることにより、安心して輸出貨物の調達ができる

・信用状を入手することによって、輸出貨物の仕入れ、もしくは製造のための材料の仕入れ代金を、銀行から融資してもらいやすくなる

・船積後、信用状と船積書類を提出すると、すぐに銀行は買取に応じてくれる

・信用状取引の場合、輸出地の買取銀行は、輸出者に対して有利な為替相場を提示してくれることがある

〈短所〉

・信用状記載の内容通り、厳密に船積しなければならない
・輸入者サイドがなんらかの理由で信用状取引を拒むことがあり得る

次に信用状の当事者とその流れについて押さえましょう。
①輸出者（Beneficiary）は、契約が成立したら輸入者に信用状の発行を要求
②輸入者（Applicant）は、輸入地の銀行に信用状の開設を依頼
③信用状開設銀行（Issuing Bank）は、信用状を開設して輸出地の銀行に送付
④信用状を受け取った輸出地の銀行（通知銀行：Advising Bank）は、輸出者にその信用状を通達

通常は、この流れで信用状は届けられるのですが、輸入者または輸入地の開設銀行から直接送られてきたときは、注意が必要です。偽物の場合があり得るからです。

前述したように、信用状を受け取った輸出者は契約書と内容を入念にチェックしましょう。不一致があると、銀行は買取をしてくれないからです。

もし買取の際両者に不一致（ディスクレ）があった場合は、以下のような処置をとります。

①信用状の変更（アメンドメント）

信用状の内容が契約書と違っていた場合や、期限内に船積ができないなどの不都合が発生した場合、速やかに輸出者は、輸入者に対して信用状の内容変更を求めます。この変更は当事者全員の承認を要します。まず輸出者から輸入者に依頼し、輸入者が承諾をしたならば、開設銀行に変更を依頼してもらいます。開設銀行は通知銀行へ、通知銀行は輸出者へ変更通知書を発行することになります。為替手形の買取の際には、信用状の原本にアメン

信用状の変更（アメンド）の手順

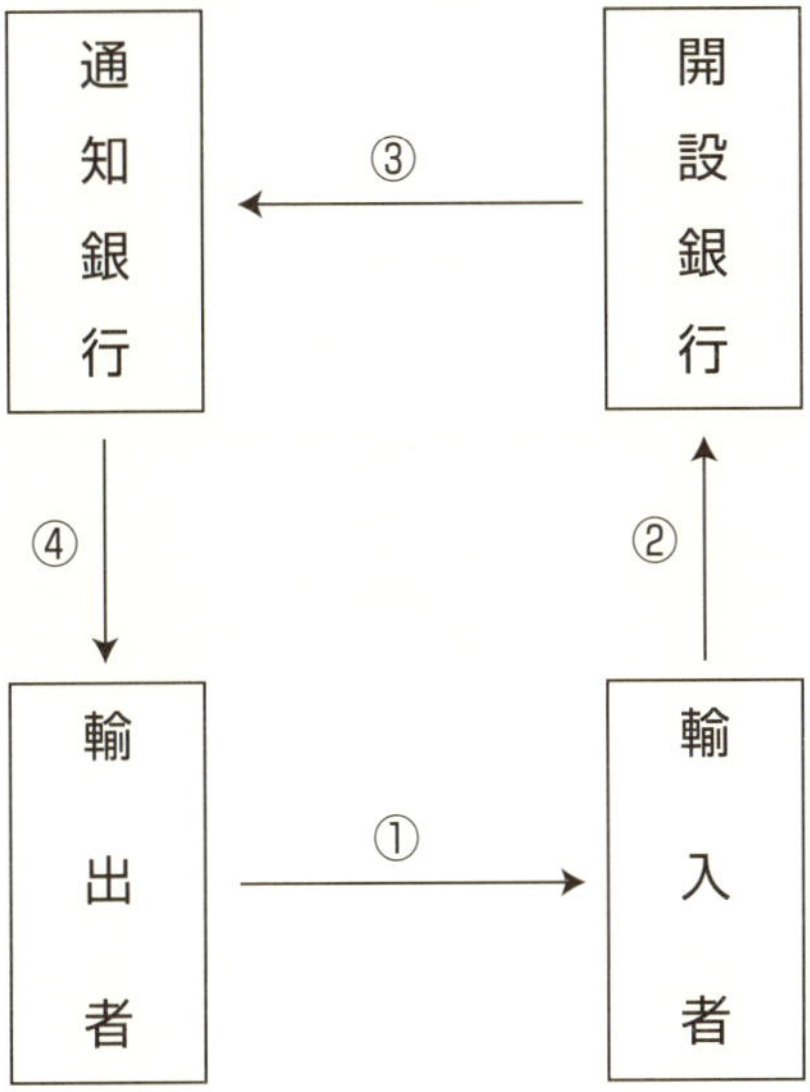

① 輸出者は輸入者に信用状の内容変更依頼

② 輸入者は承諾後、開設銀行に変更依頼

③ 開設銀行は、通知銀行に変更通知書を発行

④ 通知銀行は、変更通知書を発行して条件変更が完了

ドを添付して提出することになります。これは時間的に余裕がある場合は、もっとも望ましい方法です。

②エルジーネゴ（L／G：Letter of Guarantee）

輸入者がディスクレの内容を事前に知っている場合や、その内容が軽いもので、輸出者の信用状態に問題がないときに、輸出者が買取銀行に対して、L／Gとよばれる保証状を差

エルジーネゴの流れ

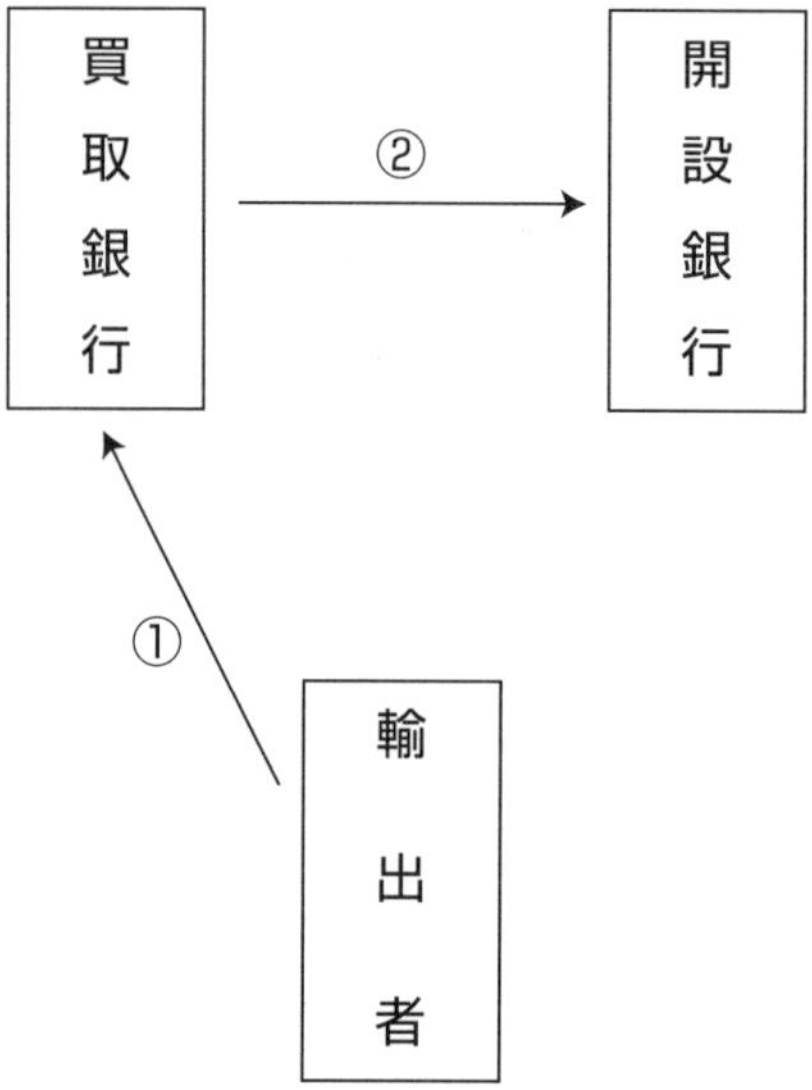

① ディスクレの内容が軽いなどの場合、輸出者は保証状（念書）を差し入れて手形の買取を要求

② 買取銀行は、保証状を入手している旨の記載をして書類を発送して開設銀行に買取依頼

し入れて買い取ってもらう方法です。万が一手形が不渡りになった場合は、輸出者は買取銀行に対し、手形金額全額を弁償しなければなりません。

③ケーブルネゴ（電信照会）

ディスクレの内容が重大なときは、買取銀行がＣＡＢＬＥ（電信）で開設銀行に対し、買取の可否を問い合わせます。承諾があった場合は買取を行います。

ケーブルネゴの流れ

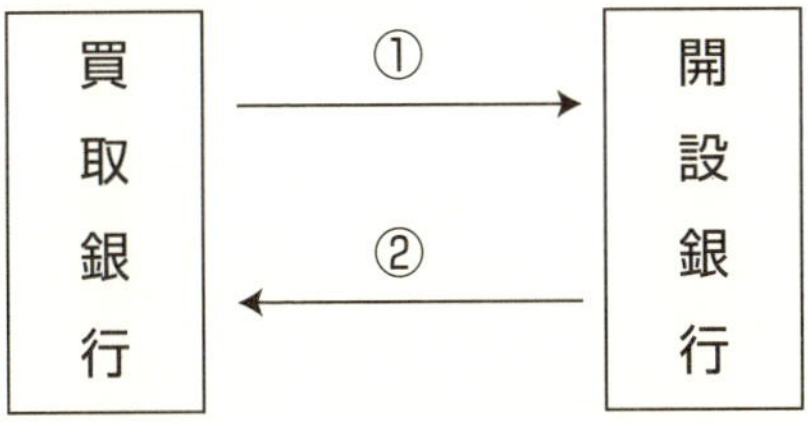

① ディスクレが重大な場合などは、買取銀行は買取前に開設銀行にケーブル（電信）で買取の可否を問い合わせ

② 開設銀行は、可否を連絡

コラム5 神の思し召しがあれば

貿易でお互いにウィンーウィンで円滑な取引をするには、取引相手国の物事の考え方、優先事項、文化、習慣についてある種の尊敬をもって知ることが必要です。同じ人間とはいえ、宗教、伝統などが違えば、価値観が変わってきます。イタリア人気質として有名なものにこんなものがあります。

人生はマンジャーレ、カンターレ、アモーレがすべてなんだってね。

食べること、歌うこと、そして恋すること……、いいですよね。だから彼らはこんな時間をすごく大事にします。

ビジネスファースト（仕事優先）の私たちとなんと違うことか。フランスのセラヴィもよく使われる言葉ですね。C'est la vie［la vie：(life) 人生・生活・生命］。直訳すると、〝これが人生だ！〟という意味の言葉です。人生なんてこんなものさ！　これもまた、人生さ！　不条理なこともあるよ。だけどね。生きてりゃあ、そりゃいろんなことがあるものなんだよ！

人生なんてこんなものだ。だからくよくよせず人生を楽しもうよ、ね。「C'est la vie」この言葉にはこんないろんな意味が込められているのです。

いいときは、「すばらしい人生だ！」という意味になり、悪いときには、「しょせん人生なんてこんなもんだ！　くよくよしないで楽しくやろうぜ！」という意味合いをも持ち合わせている、まさに魔法の言葉です。

この感覚がわかれば、フランス人への理解が高まるのも事実。「どんなことがあろうとそれが自分の人生。だから精一杯楽しもう」こんな風に考えると楽になりませんか？

日本人ビジネスマンにとって戸惑うのに中東で使われる「インシャ・アッラー」がありま す。

これは、「神の思し召しがあれば」という意味なのですが、この感覚はわからない方が多いのではないでしょうか。たとえばこんな感じで話が進みます。

「ご注文いただけますか？」に対しての答えが「神の思し召しがあれば」ですからね。受けた方は「……？」っていう感じになってしまいますね。だから誤解を受けるのも一理ありますね。

でもこれは、先のことは誰にもわからない。知っているのは神のみという彼らの宗教観に根差したものであることがわかれば、うなずけるところもあるのです。

わからないことを約束することは、信義に反するということなのです。信用をもっとも大事に思う中東人の面目躍如たるものがあるとは思いませんか。

第6章

貨物の船積・輸送

貿易部オフィス

L／Cの到着を確認した渡部君。早速、工房に商品の発注をして、輸出の準備にかかります。船の手配、保険の準備も同時にすすめるよう段取りをします。そして1ヶ月後、商品の出荷準備が整ったとの知らせを受け取った渡部君。船積書類の作成にかかることになりました。

足立「渡部君、L／Cに記載された書類の整備をしなきゃね」
渡部「はい。今回要求されている書類は、インボイス、パッキングリストです」
足立「定番の書類って感じね」
渡部「そうなんです」
足立「じゃ、書くべきことが書かれているかのチェックをしてね」
渡部「はい。えーっと、まずインボイスには、これとこれと……ふんふん。はい大丈夫です。次は、パッキングリスト……、ここはOK。そしてここも大丈夫と。はい。先輩、全部チェック完了です」

足立「そう、じゃ、通関の依頼の電話して」
渡部「了解」

6-1 信用状受領後の船積・輸送までの実務の流れ

信用状受領後の実務の流れは以下のようになります。順を追ってみていきましょう。

①船積期限までに間に合うように輸出商品を手配自社商品の場合は、注文通り輸出梱包をする。自社商品でない場合はメーカーから仕入れをおこして出荷のための準備をする
②必要があれば国の承認、許可、検査
③船積期限までに商品を積む船を予約（ブッキング）する
④契約により、海上保険の申込みをする
⑤決済通貨が外貨の場合、為替差損のリスクを回避するために先物為替の予約をすることがある

⑥船積書類（インボイス、パッキングリスト）を作成

次に、「インボイス」「パッキングリスト」の作成について、説明します。

1．インボイス（Invoice）

インボイスは、前述したように非常に多面性をもつ書類ですが、一般的には商業送り状とよばれています。国内取引でいう「納品・請求書」に相当します。主な記載事項は、①買主（輸入者）の名称と住所、②荷送人（輸出者）の名称と住所、③インボイス番号、④作成日、⑤船積港と荷揚げ地、⑥荷印（Shipping Mark）、⑦貨物の明細・価格などです。またインボイスには、商業用と通関用がありますが記載事項は同じです。

2．パッキングリスト（Packing List）

梱包明細書ともよばれ、輸出地の税関と輸入者が、積荷を照合するためにインボイスの補足書類として作成されているものです。通関用としては、インボイスに梱包明細などが記載してあれば、必ずしも別途作成しなくてもいい書類です。

ただし、信用状の条件として要求されている場合は、必ず作成しなければなりません。記載

インボイス（Invoice）例

福 州 普 利 贸 易 有 限 公 司

FUZHOU APPLAUSE TRADING CO., LTD.

17B, GUANGCHANGMINGZHU PLAZA,9 GUTIAN ROAD,FUZHOU,CHINA

② TEL: 0086-591-83334922 83334606

FAX: 0086-591- 83334486　　E-MAIL: watsonhx@public.fz.fj.cn

COMMERCIAL INVOICE

① **TO: MARUO CO.,LTD**
85-IHIRASAWA NAKAZAWA MACHIKITAMACHI
AIZUWAKAMATSU FUKUSHIMA JAPAN

③ **No: 2005L071**
④ **Date: JAN. 11,2006**
Payment: T/T

⑤ SHIPMENT(S) FROM FUZHOU CHINA TO TOKYO JAPAN BY SEA

Marks	Description	Q'TY	Unit price	Amount
		PCS	USD	USD
	192 CARTONS OF CERAMIC PHOTO FRAMES			
				FOB FUZHOU
	LS001B	1728	0.61	1, 054. 08
	LS002G	1584	0.61	966. 24
⑦	LS001L	1104	0.61	673. 44
	LS3002B	624	0.61	380. 64
	DLS824	576	0.61	351. 36
	LS2007B	96	0.61	58. 56
	LS3027B3K	414	1.44	596. 16
	DLS8243K	90	1.44	129. 60
	LS001L3K	198	1.44	285. 12
	LS0135A3K	270	1.44	388. 80
	LS3002A3K	162	1.44	233. 28
	DLS8883K	180	1.44	259. 20
	SUB-TOTAL:	7026		5, 376. 48
			PLUS FREIGHT :	370. 00
			TOTAL:	5, 746. 48

MARUO
ORIGINAL
2006
⑥

FUZHOU APPLAUSE TRADING CO., LTD.
Watson Chen

パッキングリスト（Paking List)例

福 州 普 利 贸 易 有 限 公 司

FUZHOU APPLAUSE TRADING CO., LTD.

17B, GUANGCHANGMINGZHU PLAZA,9 GUTIAN ROAD,FUZHOU,CHINA

TEL:86-591-83334922,83334406 FAX:86-591-83334486

PACKING LIST

TO: MARUO CO.,LTD
85-IHIRASAWA NAKAZAWA MACHIKITAMACHI
AIZUWAKAMATSU FUKUSHIMA JAPAN

No: 2005L071
Date: JAN. 11,2006

SHIPMENT(S) FROM FUZHOU CHINA TO TOKYO JAPAN BY SEA

MARKS	DESCRIPTION	Q'TY	CTN	G.W.	N.W	MEAS
		PCS	CTNS	KGS	KGS	CBM
	192 CARTONS OF CERAMIC PHOTO FRAMES					
			②	④	③	⑤
	3.5x5"	5712	119	2142	1904	6.4736
	3K	1314	73	840	693.5	2.625
	TOTAL:	7026	192	2981.5	2597.5	9.099

MARUO
ORIGINAL
2006
①

FUZHOU APPLAUSE TRADING CO., LTD.
Watson Chen
APPLAUSE TRAD

する内容は、このサンプルのように、①荷印や、②梱包状態（1カートンごとの数量や個々の梱包の中身）などを記載します。ただし注意すべき点は、重量、容積を表示する③「Net Weight」、④「Gross Weight」、⑤「Measurement」の項目です。

③の「Net Weight」は貨物の正味の重量ですから、輸出者自らが計ったものを記入しますが、④「Gross Weight」と⑤「Measurement」は空白にしておかなければなりません。この二つの項目については、通関業者が、公認検定機関が検量して発行する容積重量証明書に基づく数字を記入する規則になっています。この数値は運賃計算の基礎にもなります。また、銀行が手形を買い取る際の船積書類としてのパッキングリストには、正式な数字が記入されていなければなりません。

貿易部オフィス

船積書類の準備が整った渡部君。早速通関業者に電話をかけて通関依頼をしています。足立さんが隣でなにか指示を出しているところです。

足立「渡部君、これから書類もって伺うからって言って」

（渡部君、受話器を押さえながら）
渡部「足立先輩、なんですか？」
足立「これからお邪魔したいってお願いして。行ってみましょう」
渡部「はい、わかりました」
（渡部君、受話器を押さえている手をはずして）
渡部「これから足立と一緒に伺いたいと思いますが、いかがですか？」
（通関業者が了解したらしい。渡部君、足立さんに向かってOKのサイン）
渡部「それでは、これから1時間後ということで。はい。ではよろしくお願いします」
足立「なんだって？」
渡部「わかりました。お待ちしておりますって言ってました」
足立「通関業者に、B／Lについてレクチャーしてもらったほうがいいわよ」
渡部「そうですね。深く知りたいって思ってたんです」
足立「じゃ、いい機会ね」
渡部「はい」
足立「OK。じゃ、木戸部長に報告してから行こうか」
渡部「ラジャー」

木戸部長の部屋

木戸「おぉ、来たか。まぁ、そこにかけたまえ」
（ソファにかけた二人に向かって）
木戸「どうかね。順調に進んでるかね」
足立「はい。大須賀先生に助けられながら、なんとかスムーズに運んでいます。工房からの商品も納期通りあがってきました。それで、これから通関の依頼に行くところなんです」
木戸「そうか。納期遅れは致命的になるからね。とりあえず第一関門突破だな」
足立「はい」
木戸「船積して、回収して完結だからな。気を抜かないように。いいね。渡部君」
渡部「はい。がんばります」
木戸「君は今期の新人賞候補だからね。引き続き精進してくれ」
渡部「はい」
木戸「それから足立君。大須賀先生に今日は会うかね？」
足立「通関依頼の後に、伺うことは可能ですけど。なにか？」

木戸「いや、なに。最近先生にも会ってないんでね。その、まぁ一杯やろうかと思ってね。いや、いいんだ」
足立「承知しました、部長。先生に部長にお電話するように言っておきますね。でも、そのとき、私たちもおともさせてください」
（渡部君があわてて小声で足立先輩に）
渡部「大丈夫なんですか。そんなお願いして」
（足立も小声で）
足立「大丈夫よ。私に任せておいて」
木戸「よし、そうだな、君たちも一緒に行くか！」
足立・渡部「はい、ぜひ」
そして二人は、通関事務所に向かった。

6-2 通関業務の依頼

商品を輸出できる状態にして、船積書類の準備が整ったら、通関業者に依頼して輸出通関と船積・出荷の手配に入ります。

その際、船積依頼書（Shipping Instruction）を一緒に渡します。この船積依頼書は、船会社に正確な船積書類を作成してもらうためのものです。

輸出者にすれば、代金の回収のためにも、信用状に合致した運送書類を入手しなければなりません。そのためには、その運送書類作成に必要な正確な情報の提供が不可欠なのです。

通関業者は、貨物と書類を受け取ると、貨物を保税上屋に運び、宣誓検量人などの公認検定機関を手配して、貨物の個類・重量・容積の検量を行い、税関に輸出申告をします。そして、税関から輸出許可がおりると、その貨物を運送業者に依頼して出荷します。その後、通関業者は、運送業者が発行した運送書類を入手して、検定機関が発行した「容積重量証明書」と「輸出許可書」を輸出者に提出します。

◆船荷証券B／L（Bill of Lading）を知る

プロローグでも触れましたが、B／L（飛行機で運んだ場合は、航空貨物運送状（AWB）といいます）は貿易においてもっとも重要な書類の一つであることは、誰しもが認めるところです。

B／Lは輸出通関が完了し、通関業者の手を経て輸出業者に届けられ、荷為替手形を使用する代金決済では、手形の裏づけになるという大事な役割を担っているのです。

ここでは、さらにB／Lについて掘り下げてみましょう。前述したようにB／Lは、貨物の引換券であり、裏書によって流通する有価証券であり、権利証券でもあるという多面性をもつ書類です。

この船荷証券には、いろいろな分類の仕方がありますが、それをみていきましょう。

1. 船積船荷証券（Shipped B/L）と受取船荷証券（Received B/L）
貨物が、実際にB／Lに書かれている船に船積された後に発行される船荷証券を船積船荷証券とよび、主に在来船に使用されています。

一方、貨物が船積や運送のために受け取られはしたものの、まだ現実にB／Lに書かれている船に積まれたかどうかは確認されていない時点で発行される船荷証券は受取船荷証券とよばれ、主にコンテナ船に使用されます。

買取銀行は、海上保険の戦争危険担保保険が船積以降でなければ掛けられないので、信用状決済の場合、受取船荷証券では買取に応じません。船積船荷証券でなければならないのです。

ただし、受取船荷証券であっても、貨物が実際に積み込まれたことを示す船積証明追記（On Board Notation）をされると、信用状統一規則によって船積船荷証券とみなされ、銀行は買取をします。

2. 指図式船荷証券（Order B/L）と記名式船荷証券（Straight B/L）

指図式船荷証券とは、荷受人が特定されずに発行されたもので、実務的には「指図により（to order）」や「荷送人の指図により（to order of shipper）」として発行され、裏書によって貨物の所有権が移転していきます。そのため、担保の設定が可能となり、流通性もある船荷証券です。

記名式船荷証券とは、荷受人がはじめから特定（たとえば輸入者）されているために、その特定の荷送人以外がそのB／Lをもっていても、貨物をもっていることにはならない船荷証券です。

つまり、B／Lの所有者が貨物の所有者とイコールにならないのです。したがって銀行の立場からすると、そんな船荷証券をもっていても信用状の担保になりませんから、買取には応じません。荷為替信用状決済では、基本的に指図式船荷証券でなければなりません。

3. 無故障船荷証券（Clean B/L）と故障付き船荷証券（Foul B/L）

輸出者から貨物を受け取る際に、船会社は貨物の状態を調べます。そして何も問題がないときに発行される船荷証券を、無故障船荷証券といいます。

一方、梱包に異常があった場合や汚れ、損傷、貨物の数量が不足しているなどの場合は、そのことを船荷証券に故障摘要「Remarks」と記載して発行します。この船荷証券を故障付き船荷証券といいます。この故障付き船荷証券では、銀行は買い取りに応じてくれないのです。

ここで、銀行が買い取りに応じてくれる船荷証券について整理しましょう。銀行は、「船積」かつ「指図式」かつ「無故障」の船荷証券でなければ買い取りに応じてくれませんので注意が必要です。

◆故障付きになってしまった場合は、どうするのか

実際の現場では、なんらかの理由で「故障付き船荷証券」が発行されることも頻出します。もし万が一発行されてしまった場合は、船会社に依頼して、その部分を訂正してもらう方法があります。そのとき、船会社に差し出すのが補償状（Letter of Indemnity）です。内容は、「この訂正によって発生する一切の責任は、輸出者が負う」旨のことが記載されています。

「Remarks」が付くという以上は、なんらかの理由があるにもかかわらず、補償状で訂正、削除することであり、取引の公正さに反する面は否めません。しかし、実務上は「重大な問題がなければ」という前提付きで一般的に行われています。

◆航空貨物運送状（AWB）の特徴

航空貨物運送状は、基本的には船荷証券と同じものとして扱われますが、実は両者の間には決定的な違いがあります。それは、AWBはB／Lと違い、有価証券でも貨物の引換券でもないことです。

単なる貨物の運送委託証書であり、原則として記名式で発行されるために信用状の担保にもなり得ない書類です。ですから、信用状によって航空機で輸送される場合の荷送人は、「信用状の開設銀行」になります。

輸入者が到着した貨物を引き取るためには、銀行が荷送人となっている貨物を引き取る権利を譲ってもらう手続きが必要になります。その手続きに必要な書類を「Release Order」といいます。

AWBには、航空会社が発行するMaster AWBと、混載業者が発行するHouse AWBがありますが、どちらもその価値に違いはありません。ただし、信用状の条件によっては、House AWBでは銀行が買い取りに応じない場合がありますので、事前に確認が必要です。

貿易部オフィス

そして数日後、無事に船積が終わったと通関業者から連絡が入りました。早速、渡部君は足立先輩に報告です。

渡部「足立先輩。船積が完了したそうです」
足立「OK。じゃ、輸入者に船積案内と書類の送付の準備に入らないとね。さぁ、忙しくなるわよ」
渡部「はい」
足立「書類は、どうなってるの。渡部君」
渡部「インボイスとパッキングリストは作成ずみです。B/Lは、まだです」
足立「そう。じゃ、まず輸入者サイドにFAXで船積の案内をしておいて。そして、B/Lが着き次第、郵送するようにしましょう」
渡部「了解です」

6-3 貨物の船積案内

船積が完了したら、輸出者は輸入者に対して船積案内（Shipping Advice）とともに、通関に必要な書類を送ります。

なぜ、船積案内を送る必要があるのか考えてみましょう。

第一に、保険のつかない貿易条件（ＥＸ ＷＯＲＫＳ、ＦＯＢ、ＣＦＲ）の場合には、輸入者に保険を掛けるための情報を流す必要があるからです。第二に、輸入者に対して通関の準備や引き取りのための準備を促すためです。

輸出者は、インボイス、パッキングリスト、Ｂ／Ｌなど輸入通関に必要な書類を航空便で送ります。最近は船速が速くなり、近隣諸国の場合書類より、船の方が早く到着することも多いため、ＦＡＸによる通知も併用します。

第7章

回収のしくみと手続き

貿易部オフィス

通関業者から待ちにまったB／Lが、村上物産に届きました。今回の業務もいよいよ大詰めです。輸出業務のもっとも大事なプロセスの回収をひかえ、ちょっと緊張気味の渡部君。足立先輩とともに、銀行に買取をしてもらうための書類の点検・チェックをしなければなりません。

足立「渡部君。経理課に、買取書類はお願いしてあるわよね」
渡部「はい。国吉さんにお願いしてあります」
足立「進捗状況を確認して」
渡部「はい。ちょっと経理課に行って聞いてきます」

経理課

国吉さんに状況を尋ねる渡部君。

渡部「国吉さん。先日お願いした、アロマス・デル・カンポ社向けの輸出分の買取書類関係は、できあがりましたでしょうか」
国吉さんは、為替手形、インボイス、パッキングリスト、アプリケーションなどを作成してL／Cに記載されている必要書類を用意してくれています。
国吉「えーっと。ちょっと待ってね」
渡部「はい」
国吉「これが、B／Lよ。ところで買い取り書類って、なぜつくるのかわかりますか。渡部さん」
渡部「えーっと。それは、あの、その……」
国吉「あらあら頼りないこと。それはね、L／C取引は、L／Cに書かれた通りの書類をつくって銀行に持ち込むと、銀行は輸入者に代わって代金を払ってくれるしくみなのよ。そのためには、必ず条件を守るという大原則があるのよ」
渡部「すみません。ありがとうございます」
国吉「だからとっても神経を使うのよ」
渡部「ですよね」
国吉「OK。これで完璧よ。今日の日付にしたからこれから銀行に持ち込もうと思うんだけど、渡部さん一緒に行ってみますか?」
渡部「お邪魔じゃなければ、ぜひ行かせてください」
国吉「じゃ行きましょう」
そして、無事に入金が確認されました。
国吉「渡部さん、今、入金の確認がとれましたよ。おめでとう」
渡部「ありがとうございます。とても嬉しいです」
早速足立先輩に報告します。
渡部「先輩、アロマス・デル・カンポ社の件入金が確認されました」
足立「そう! やったわね。渡部君おめでとう」
渡部「ありがとうございます。先輩のおかげです」
足立「がんばったわよね。ほんとがんばったわね。今日はお祝いしよっか。私奢るから行こう!」
渡部「えー、いいんですか。ありがとうございます」

7-1 買取用の船積書類をつくる

通関、船積を終えて運送書類を入手したら、輸出代金の回収に入ります。

信用状取引（L／C取引）の場合は、輸出者は信用状の指示に従って、船積書類を添付の上「荷為替手形」を振り出し、輸出地の銀行に買取の依頼をします。

買取に必要な船積書類には、「船荷証券（B／L：Bill of Lading）」と「商業送り状（Invoice）」があります。

B／Lは貨物の所有権を表す有価証券で、もっとも重要な書類の一つ。インボイスは貨物の納品書、請求書、明細書を兼ねる重要な書類です。

また、必要に応じて海上保険証券（Insurance Policy）、包装明細書（Packing List）、原産地証明書（Certificate of Origin）などがあります

さらに、買取の依頼を前提として、為替手形の買い取り、依頼に関する約定書を、銀行と交わしておく必要があります。買取依頼の具体的な手順は、次のような流れになります。

①買取依頼書と為替手形を作成する
②船積書類を添付のための準備をする
③買取依頼書に必要事項を記載する
④依頼を受けた銀行は、提出された書類、為替手形が信用状記載条件に一致するかをチェッ

クする

⑤ 条件が一致すれば銀行は買取に応じる

万が一、信用状の記載と船積書類の内容に不一致（ディスクレといいます）があった場合は、銀行は買い取りをしません。しかし、その不一致が信用状の訂正を要求するほどのものでもない場合や、訂正するだけの時間がない場合は、買取銀行は信用状の発行人に電信を打って確認した上で買い取りをします（ケーブルネゴ：電信照会）。

また、輸出者が買取銀行に対して念書（Letter of Guarantee）を差し入れ、万が一、手形が不渡りになった場合は、輸出者が買取銀行に対して代金の返済をすることを約束して買取をする場合もあります。

◆為替手形（Bill of Exchange）を極める

為替手形は、銀行が用意した手形用紙に必要事項を記入して作成しますが、国内取引のときとは違い、必ず同じものを二通（第一券と第二券）作成します。

第一券は船積書類の正本とともに、第二券は船積書類の副本とともに銀行に渡します。銀行は、航空機事故などを考慮に入れて、それぞれを別便で輸入地の銀行宛に送付します。

ちなみに第一券と第二券との二重払いをしないように、それぞれの券には、片方が払われないときに払われる旨の印刷がされています。実際手形を作成するためには、誰が、誰に対して、誰の勘定で、誰のために振り出すのかを理解しなければなりません。

第 8 章

関連業務の知識と進め方

大須賀アドバイザーのオフィス

無事に役目を終えた渡部君。足立さんとともに、大須賀アドバイザーのところにお礼かたがた報告に来ています。

足立「先生、今回の業務すべてうまくいきました。先生のおかげです。ありがとうございました」

渡部「先生がいらっしゃらなかったらここまでたどり着けたかどうか……」

大須賀「よかったですね。私は、その時々にアドバイスをしただけですよ。お二人の力です。よくがんばりましたね」

足立・渡部「ありがとうございます」

大須賀「渡部さん。これで輸入も輸出も一通り経験したわけですが、だいたいの流れは把握できましたか?」

渡部「はい、流れの部分は、だいたいわかりました。ただ細かいところでわからないところがまだまだたくさんあります。特に外国為替については、まったくタッチしなかったものですから、正直よくわからないんです」
大須賀「外国為替は、経理課でやってるんですよね。うーん、でも貿易マンとしては、知っておかないとまずいかな」
渡部「そうですよね。工房の担当者からも為替の予約について聞かれたときは、ドキッとしました」
大須賀「そうですね。じゃ簡単に為替の予約のしくみについて押さえておきましょう」
足立・渡部「お願いします」

8-1 為替リスクと回避法

まず最初に、外国為替とはなにかについてみてみましょう。

外国為替とは、お互い遠隔地にいるもの同士が、その貸借関係を決済するのに、実際現金を輸送することなしに、金融機関を通じて送金、手形、小切手などの信用手段を使って決済するしくみをいいます。

外国との貿易取引の代金決済についてですが、支払い条件が日本円以外の場合は、円を相手国の通貨に交換する必要があります。その異種の通貨間の交換比率を外国為替相場（Foreign

Exchange Rate）といいます。

では、為替リスクと回避法について学びましょう。

為替リスクとは、前にも述べたように日本円以外での代金決済の場合、為替相場の変動から発生する損失をいいます。

たとえば、輸入契約がドル建ての場合でみてみましょう。

契約時には1ドル105円だったとします。ところが決済時には円安に振れて110円になったとすれば、1ドル当たり5円の損失が生じることになります。たまたま円高になって得をする場合もあるでしょうが、見込みで動くことはリスクがあります。事前に十分な対策を立てておくべきです。

為替リスクを回避（ヘッジ）する方法として次のような方法があります。

①為替予約と通貨オプションの利用

為替予約と通貨オプションとは、貨物を受け取る際に必要な外貨の為替相場を事前に予約して決めてしまう方法です。

為替予約とは、たとえば1ドルを3ヶ月後に105円で買うことを予約確定させてしまえば、3ヶ月後の相場が110円であっても1ドルを105円で交換することができるということになります。これだと予約した価格で外貨と交換することが約束されているので、採算ラインを確定しやすくなります。

しかし反面、決済時に予約時よりも有利になっていたとしても、予約時に決められた価格で交換しなければならないということもおこり得ます。このデメリットを解決するものに通貨オプションとよばれるものがあります。

これは、今の例のように1ドル105円で予約をしていたものが、期日のレートが予約レートより円高、たとえば100円になった場合は予約をキャンセルして安い市場レートで輸入決済ができます。反対に市場レートが円安、たとえば110円になった場合は、最初の1ドル105円で決済できるシステムです。

このシステムをを利用すれば、期日の市場レートを確認してから、オプションを使うのか、キャンセルするかを選択することが可能になります。多少の手数料はかかりますが、現在もっとも有効な手法として幅広く利用されています。なお、輸出取引の場合は、まったく逆の手続きをすればいいことになります。

電話にて

輸入・輸出の一通りを経験し、貿易マンとしての自信もちょっぴりついてきた渡部君。さらに自己スキルのアップのための勉強に余念がありません。

実務を通していろんなことを学んだ渡部君ですが、輸送手段は、どういった基準で選ぶのか、そして運賃はどのようにして決められるのかが、気になって仕方がありません。通関業者や船会社や運送会社からの請求書を見せてもらっても、わからないことだらけなのです。困ったときの大須賀頼みです。ここは、やっぱり先生に聞こうと思い立ち、早速、電話をしました。

渡部「もしもし渡部です。先生ですか。お忙しいところ申し訳ありません。教えていただきたいことがあるのですが、ご相談できる日、ありますか?」

大須賀「明日は、クライアントさんとの打ち合わせで一日中神戸です。明後日の午後には事務所に戻りますから、それからならお時間とれますよ」

渡部「そうですか。ありがとうございます。じゃ2時にお伺いします」

大須賀「そうですか。じゃ明後日お会いしましょうね」

渡部「ありがとうございます」

二日後、大須賀アドバイザーのオフィスを訪問する渡部君

渡部「先生。こんにちは。無理いってすみません」
大須賀「大丈夫です。今日はどうしましたか？」
渡部「輸送について伺いたいんです。特に運賃の決められ方がまったくわからないんです」
大須賀「そうだね。この部分は専門的でなかなかわかりにくい部分だね。まず覚えておかなければならないのは、運賃は船会社、航空会社の都合のいいように決められるということなんだ」
渡部「……」
大須賀「意味がわからないよね。つまり船会社や航空会社は、運賃の決め方を複数もっていて、そのときどきで自分たちに有利な方法を適用させることになっているんだ。たとえば、重さと容積のどちらかで運賃を決める場合、船会社は、運賃を高く取れるほうを適用するんだよ」
渡部「えーっ、そうなんですか！　そんなのずるいじゃないですか」

大須賀「うん、そうだね。私も昔、この世界に入ったとき理不尽な感じがしたものだよ。ただ、よくよく考えると、それもやむなしというところはなきにしもあらずなんだ」

渡部「なぜですか?」

大須賀「それはね。貨物には、いろんなものがあるからなんだ。容積が小さくて軽いもの、容積が小さくても重いものがあったとするね。もしこれが、容積だけで運賃が決まるとすれば、不合理だろう」

渡部「そうですね」

大須賀「また、容積が大きくて軽いもの、容積が大きくて重いものもあるね。それらを一律に重さだけとか、容積だけで運賃が決まるとしたら不公平だろう。だから船会社や航空会社はこれらの要素を取り込んで運賃の設定をするんだ」

渡部「それは、一理ありますね」

大須賀「もちろん容積、重量の他にも要素はまだあるけどね」

渡部「なるほどですね」

大須賀「その他、運賃には、サーチャージとよばれる割り増し料金が加算されるから、よくわからないものになってしまうんだよ」

渡部「それってなんですか?」

大須賀「たとえば、原油が値上がりしたときにつけられる、ＢＡＦとよばれる割り増し料金なんかはその典型だね」

渡部「そうですか」

大須賀「いずれにしても、船会社や航空会社は損しないしくみになってるんだ」

渡部「なんか釈然としないな」

大須賀「そうだね。まず輸送手段からみていこうか」

渡部「よろしくお願いします」

8-2 輸送手段と運賃算出法

輸送手段の選定はとても重要です。輸入の場合、この輸送にかかるコストが仕入原価の一部を構成するからです。

輸送手段には大きく分けて「船便」と「航空便」の二通りの方法があります。どちらを選択するのかは、貨物の重量、容積、数量によります。輸送の貨物が大量であったり、重量がある場合は、船便を利用し、反対に輸送の貨物が少量の場合や高額なもの、もしくは緊急性を要する貨物の場合は航空便を使用するのが一般的です。

さらに詳しくそれぞれの特徴をみていきましょう。

◆船便

現在は、一般的にはコンテナ船を使って輸送されることになります。コンテナ船は、今から40年位前に、アメリカのシーランド社によって就航されて以来、海上輸送の中心的な存在になっています。

コンテナ船の登場により、ドア・トゥー・ドアの一貫輸送ができるようになりました。また、雨天でも荷役が可能になり、船舶の停泊日数が減少するなど数々の利点があります。コンテナ自体が貨物の外装梱包になっているため、包装の簡略化がすすんだこともメリットのひとつです。

コンテナの一般的なものは、幅は8フィート（約2・4m）に統一されていますが、高さは標準的なものが8フィート6インチで、長さが20フィート（約6m）の20フィートコンテナと高さ・幅は同じで、長さが40フィート（約12m）の40フィートのコンテナがあります。特殊ではありますが、35フィート、45フィートのものもあります。

また、大型の貨物を運ぶのに便利な、背高コンテナ（High Cube Container）とよばれる、高さが9フィート6インチのものもあります。どれを選択するかは商品の数量によって選択します。

このコンテナ輸送には、コンテナ１本を借り切って運ぶ「FCL Cargo」と、少量の貨物を他の貨物と混載して１本のコンテナにして運ぶ方法、「LCL Cargo」があります。

FCL Cargo が搬出入される港湾の埠頭地区をコンテナヤード（ＣＹ）といい、ここでコンテナの集積、保管、受け渡しなどが行われます。

一方、LCL Cargo は、コンテナ・フレート・ステーション（ＣＦＳ）で仕向け地ごとに別の貨物と混載されて出荷されます。輸入の場合は、このＣＦＳで荷主ごとに分けられて配送されます。

◆航空便

航空貨物の輸送は、航空会社またはその代理店に直接委託する「直送貨物」と混載業者に委託する「混載貨物」があり、輸出の場合はいずれも航空会社の上屋に搬入され、通関後、パレットやコンテナによってビルドアップされて航空機に搭載されます。輸入の場合は、パレット、コンテナごとに輸入上屋に運ばれ、通関後荷主に配送されます。

◆海上運賃輸送運賃算出の基準

海上運賃は、当該貨物の種類、形状、価格、包装などの要素によって、船会社の有利な基準が適用されて決まります。

貨物と一口にいっても、容積が小さく重量もないもの、容積が小さいのに重量があるもの、容積が大きく重量もあるもの、容積が大きいのに重量がそれほどないものなどと千差万別です。

これらを一律に、容積または重量だけで運賃が決められるとすれば不合理です。よって船会社は、それぞれの要素を斟酌《しんしゃく》して運賃を算出しています。現在、運賃計算の基準は次のようになっています。

①容積建て

通常の貨物は、1立方メートルを1トンとする容積トン(フレート・トンという)を基準にして算出します。大多数の貨物は、この容積建てが基準になります。

②重量建て

容積が小さいのに重量があるもの、つまり通常の貨物より重いものに適用されます。1000kgを1トンとして算出します。

③従価建て

貴金属などの高額な貨物の場合、インボイス上のFOB価格に一定率をかけて算出します。

④ボックスレート

コンテナ内の貨物の品目、容積、価格の如何を問わず、コンテナ1本あたりいくらと運賃を定める方法です。

また海上運賃は、この他にサーチャージとよばれる割り増し料金が加算されます。たとえば、為替レートの変動や原油価格の変動による損失のカバー、そして港によって特別に発生する割り増しなどがあります。

以下どんなものがあるか代表的なものを見ていきましょう。

①CAF（Currency Adjustment Factor）

海上運賃は、通常ドル建てになっています。そのために船会社では、為替差損をカバーするために、タリフ表（運賃表）の運賃料率を基準に、3ヶ月に一度、調整金として基準運賃に対する掛け率、もしくは金額を提示します。このサーチャージは、アジア航路ではYAS（Yen Appriciation Surcharge）とよばれていますが、同じものです。

②BAF（Bunker Adjustment Factor）

船会社が、原油価格の変動による損失をカバーするために、コンテナあたり、またはトンあたりに課す調整金のことをいいます。FAF（Fuel Adjustment Factor）とよばれることもあります。

③THC（Terminal Handling Charge）

コンテナ・ヤードでコンテナを取り扱うための料金です。CHC（Container Handling Charge）、ECHC（Empty Container Handling Charge）などともよばれているものです。コンテナターミナル内で発生するコンテナの取り扱い費用の一部を、船会社が荷主に課金する料金のことで、積港と揚港の両方で発生します。国際的には、コンテナ運賃は、コンテナを運送人に引き渡してから、買主がコンテナを返却するまでの使用料を含んでいるので、THCの徴収は問題となっています。

船会社からすると、競争の激化によって基準価格を抑えているため、こういった名目で、別途徴収することで採算を維持しようとする目的があります。

その他、PSS（繁忙期に徴収される調整金）、DOC Fee（船積み書類取扱料）などがあります。

ですから船会社から見積り書をとるときは、サーチャージを含めた見積りをとる必要があります。

◆航空運賃輸送運賃算出の基準

航空運送は、通常IATA（国際航空運送協会）認定代理店を通して行います。

運賃は貨物の発地国通貨建てになり、通常ＩＡＴＡ運賃率は同一空路の加盟航空会社であれば同じ料金になります。

運賃の支払い方法には、前払いと後払いがありますが、後払いの場合は、到着地で着払い運賃手数料がかかります。航空貨物の運賃計算は、海上運賃と同様に次の方式によって容積と重量を基準に決められます。

①実重量もしくは容積重量のいずれか大きい方の運賃率のkgになる
②運賃計算重量はkg以下の端数は0.5単位で切り上げられる
③容積重量は６０００立方センチメートルを１kgとして換算される

具体的に運賃は、ミニマム運賃、45kg未満、45kg以上、１００kg以上、３００kg以上、５００kg以上、１０００kg以上のように、それぞれについてkgあたりの単価が決められています。重量段階が上がるほど運賃率が低くなる重量逓減《ていげん》制を採用しています。ただし、国によっては重量区分が違うところもあるので、注意が必要です。

また、小ロットのものを輸入する場合には、以下の方法もありますので紹介しておきます。

海上運賃の計算基準

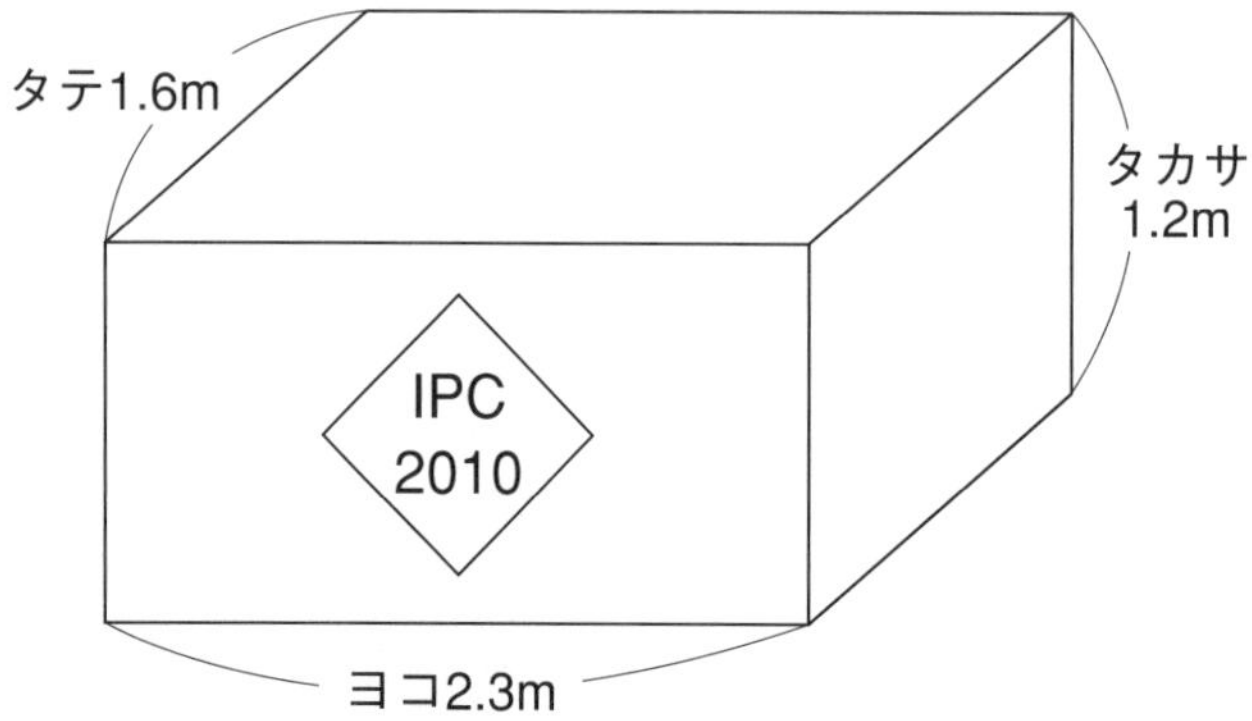

運賃計算の基準は㎥

1．たとえば容積が上記のような貨物があったとします。
この場合の容積は
タテ1.6m×ヨコ2.3m×タカサ1.2m＝4.416㎥
つまり4.416フレート・トンになります。

2. 1㎥を1トンと見るのでこの貨物が4.416トン以下の場合は容積建てで計算されます。

3. もしこの貨物が4.416トン以上の場合は重量建てが適用されます。

航空運賃の計算基準（容積重量の場合）

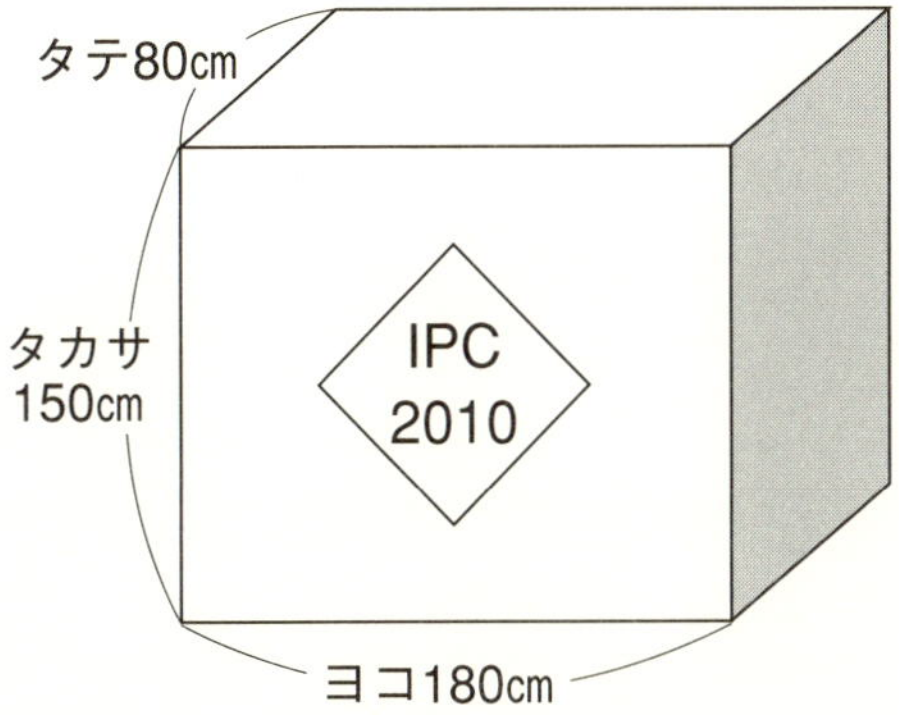

1．たとえば実重量が軽くて、容積が上記のような貨物があったとします。この場合の容積は
タテ80cm×ヨコ180cm×タカサ150cm÷6,000＝360kg

2．計算重量は360kgになるので以下の計算になります（この場合、ある航空会社では300kg以上の賃率が250円/kg、500kg以上の賃率が150円/kgと仮定します）。
（1）300kg以上の賃率を仮に1kg当たり250円とすると
250円×360kg＝90,000円
（2）500kgあると見なして、仮に500kg以上の賃率150円を適用させてみます。
150円×500kg＝75,000円

(2)の方が支払い運賃が安くなるので、賃率は安い500kg以上の運賃を適用することができます。

◆国際宅配便

航空機を利用して、海外の輸出者から日本の輸入者あてに、直接ドア・トゥー・ドアで輸送されます。国際宅配便会社によってさまざまですが、約70kgまでの重量、ならびに容量制限があります。出荷から配送までの所要時間が短くスピーディではありますが、輸送コストは割高です。

◆国際郵便小包

国際宅配便と同じく、ドア・トゥー・ドアで輸出者からダイレクトに輸送されます。EMS、航空郵便小包、郵便小包がありますが、30kgまでの重量制限があります。EMSは、日本到着後の追跡調査ができます。

EMSと航空郵便小包は、到着までに1～2週間程度を見ておけばいいのですが、郵便小包は、1ヶ月～2ヶ月くらいかかる場合があるので急ぎの貨物には向きません。価格は比較的安めに設定されています。

コラム6 船会社はどうやって選ぶのか？

ＥＸ ＷＯＲＫＳとＦＯＢなどの契約の場合、船会社を指定するのは、基本的には輸入者の仕事になります。しかし現実的にはどんな会社があるのか、どこを選んでいいのかなかなかわからないでしょう。

私自身も、以前は何社からも見積りをとって比較して選んでいましたが、あるとき、うっかりして船会社を予約するのを忘れてしまったのです。輸出者は、連日何便に積むのか連絡がほしいと連絡をしてきます。それで、苦しまぎれに「どこでもいいから御社で手配してくれないか。もちろん船賃は別途払うから」との旨の連絡をして、輸出者の手配で輸入をすることにしたのです。

そして、輸入は無事に終わりました。なんとか納期にも間に合わせることができたのです。

数日後、輸出者は運賃の代払い分の請求書を送ってよこしました。

それを見て唖然としました。安いのです。私が通常頼んでいる運賃と比べると、ベラボーに安いのです。思わずうーんとうなってしまいました。

なぜなのか、いろいろ考えてみました。それはこういうことではないかと思うのです。

航空機の価格もそうなのですが、同じチケットでも、日本で買うのと外国で買うのでは、値段が違いますよね。なぜか日本で買うと高いのです。それと同じことがおこっているのではないのか、そう思ったのです。もう一点は、輸出者は、船会社にとってはいいお客様です。おそらく、われわれに提示される価格よりもはるかに安い価格レートをもらっているに違いありません。

船会社を頼む場合は、輸出者からも見積りをとって比べましょう。

おわりに

31年前のことです。当時、大学4年生だった私は、留年が決まり、失意のうちにヨーロッパを放浪していました。

スペインのアンダルシアにたどり着いたとき、ふと思ったのです。必ずここに戻ってくるってね。そしてこの世界に入ったのです。あれから長い年月が流れました。

小さいときから人前に出ると顔が真っ赤になって、汗が出て、どもってうまく話せない。いわゆる対人赤面症ですよね。どうしてこうなんだろうって悩んでいた私が、今では世界中を歩き回り外国人と渡り合い、多くの人たちの前での講演活動、輸入ビジネスの講師、交渉術のセミナー講師、ラジオ出演、テレビ出演、新聞・雑誌での紹介、そして顧問先でのコンサルティングなど、人とのコミュニケーションを主体とするビジネスを展開しているのですから、人間とは不思議なものです。

この貿易の世界に入ってからは、毎日が失敗の連続でした。輸入できないものを輸入しようとして港で止められ、泣く泣く全量を廃棄せざるを得なかったこと、陶器の輸入では、不完全梱包のためにコンテナの90%が破損していたこと、前払いをしたのに商品が届かなかったこと、食品検査にひっかかり、かなりの額の検査費用を払わなければならなくなったこと等々。今、思い出してみると、よくやってこられたなという思いでいっぱいです。

それでも私は、あなたに貿易をすすめるためにこの本を書いています。貿易の世界はフェアな世界です。世界を相手にできるビッグなビジネスです。日本だけの狭いマーケットではないのです。正しい知識とそれを実践する力があれば、会社の規模など関係ありません。

2年半前、日本実業出版社から『初めてでもよくわかる　輸入ビジネスの始め方・儲け方』を出版して、輸入ビジネスの魅力をお伝えしてきました。そして、その本をお読みくださったたくさんの方から「もっと詳しく知りたい」というエールをいただきました。

本書は、前著のアドヴァンスト版です。前著では触れなかった貿易に関するノウハウに、詳しく突っ込んで踏み込んでいます。貿易は、あなたが考えるほど難しくはないのです。私が今あなたにもっとも伝えたいこと、それは自分の好きなことに情熱を傾けられる人生です。人の一生は、考える以上に短いものですから。

あなたは、本書の主人公の渡部君と一緒に、さらに貿易について詳しく学んだことでしょう。本書では、輸出を考えている方に対しても配慮をしました。この一冊で、輸出入については困ることはないでしょう。あなたの貿易に関する羅針盤として、いつもそばに置いておいてください。貿易を志すあなたに向けての私からのプレゼントです。

貿易ビジネスは、法令の改正などの新しい情報にもアンテナを立てておくことも重要です。それによって、新たなビジネスチャンスが生まれるからです。情報を収集するには、ジェトロのHPなどでチェックできます。私自身も新たな情報をいち早くお届けできるように、適宜メールマガジンで最先端の情報をお届けしています。同じ貿易を志す仲間として、情報を共有していきたいと考えているからです。まだ登録されていなければぜひ登録してみてください。

インポートプレナーズ通信（http://www.importpreneurs.com/mailmag.html）

前著を書き上げたとき、自分としては、すべてを出し切った達成感で、しばらくは再度執筆しようとは考えていませんでした。しかし、そんな私を励ましてくれ、本書が世に出ることを応援して下さった方々に、最後になってしまいましたが、お礼を言わせてください。

二作目を熱望し、励ましてくださったインポートプレナーズクラブの会員の皆様、ありがとうございました。みなさんのエールがなければ、私は書き続けることはできなかったでしょう。

そしてPHP研究所ビジネス出版部副編集長の佐藤義行様、佐藤様との出会いは私にとってはまさに奇跡です。熱心にアドバイスくださいましてありがとうございました。心から感謝いたします。

陰でいつも支えてくれた家族、特に妻にはありったけの感謝をささげたい。「ありがとう！」

そして最後まで本書を読んでくださったあなた、ありがとう！
私はこの本をあなたを思いながら書きました。
今こうしてあなたとご縁をいただいたこと感無量です。
ありがとう、あなた！

いつの日かあなたにお会いできるのを祈りながら……！

２００９年　初春　フランクフルトにて

大須賀　祐

主な参考文献（順不同）

『初めてでもよくわかる輸入ビジネスの始め方・儲け方』 大須賀祐 日本実業出版社
『貿易・為替の基本』 山田晃久 日本経済新聞社
『マクロ・ミクロ貿易取引』 山田晃久 学文社
『輸出・輸入手続き実務事典』 山田晃久 日本実業出版社
『貿易の実務』 石田貞夫 日本経済新聞社
『新貿易取引』 石田貞夫・中村那詮 有斐閣
『「貿易実務」の基本が身につく本』 井上洋 かんき出版
『やさしくわかる貿易実務のしごと』 井上洋 日本実業出版社
『入門の入門　貿易のしくみ』 梶原昭次 日本実業出版社
『90分でわかる外国為替の仕組み』 片山立志 かんき出版
『実践貿易実務』 神田善弘 ジェトロ
『基本貿易実務（五訂版）』 来住哲二 同文舘
『ICC荷為替信用状に関する統一規則および慣例（1993年改訂版）』 国際商業会議所日本国内委員会
『儲かる海外商品の見つけ方・売り方 AtoZ』 財団法人ミプロ アスキー
『国際ビジネスを成功させるために』 佐々木紘一 文芸社
『やさしい商品輸入ビジネス入門』 佐野光質 南雲堂フェニックス
『ジェトロ貿易ハンドブック2006』 ジェトロ ジェトロ
『最新輸入ビジネス』 ジェトロ編 世界経済情報サービス（weis）
『実践国際ビジネス教本』 ジェトロ編 世界経済情報サービス（weis）
『輸入ビジネス教本』 ジェトロ編
『輸出入・シッピング実務事典』 高内公満 日本実業出版社

『出る順通関士』　東京リーガルマインド　日本経済新聞社
『貿易為替用語辞典』　東京リサーチインターナショナル編　白桃書房
『最新貿易ビジネス』　中野宏一　白桃書房
『貿易マーケティング・チャネル論』　中野宏一　東洋経済新報社
『貿易業務論第9版』　中村弘・田口尚志　中経出版
『図解　円安・円高のことが面白いほどわかる本』　西野武彦
『関税六法』　日本関税協会　講談社
『国際法務の常識』　長谷川俊明　同文舘
『最新貿易実務（増補版）』　浜谷源蔵　中央経済社
『実戦・国際マーケティング』　堀出一郎
『外航貨物海上保険案内』　三井住友海上火災保険（株）
『小口輸入Q&A』　ミプロ
『貿易実務と外国為替がわかる辞典』　三宅輝幸　日本実業出版社
『入門輸出入の実務手びき』　宮下忠雄　日本実業出版社
『やさしい貿易実務』　森井清　日本実業出版社
『貿易・為替用語の意味がわかる事典』　森井清　日本実業出版社
『貿易と国際法』　森井清　同文舘
『わかりやすい貿易取引の手引』　山口敏治　中央経済社
『英文契約書の書き方』　山本孝夫　日本経済新聞社
『入門外国為替の実務事典』　弓場勉　日本実業出版社
『国際契約の手引』　大須常利・淵本康方　日本経済新聞社
『貿易実務がわかる本』　吉野議高　日本能率協会マネジメントセンター
『国際取引契約』　浅田福一　東京布井出版
『ベーシック貿易取引』　小林晃・赤堀勝彦　経済法令研究会

主な参考文献（順不同）

『最新英文ビジネス・ライティング』　橋本光憲　中央経済社
『キーワードで引く英文ビジネスレター事典』　橋本光憲監修　三省堂
『外国為替用語小辞典』　山田晃久・三宅輝幸編　経済法令研究会
『入門貿易英語』　中村弘　東洋経済新報社
『貿易業務論（改訂版）』　中村弘　東洋経済新報社
『貿易取引入門』　新堀聰　日本経済新聞社
『法律英語のカギ』　長谷川俊明　東京布井出版
『英文契約書作成のキーポイント』　中村秀雄　（社）商事法律研究会
『すぐできて儲かる輸入ビジネス』　ミプロ　かんき出版
『英和対訳　国際取引契約書式集』　国際事業開発（株）

5． Claim（クレーム）
輸入者はクレームがある場合は、商品がB/L記載の仕向け地に到着後15日以内に、権限のある検査人の証明書添付の上書面をもって通知するものと定めています。輸出者、クレームの処理法については、一任の旨を定めています。

6． Force Majeure（不可抗力）
輸出者は、天災、政府の命令もしくは抑止、戦争、港湾封鎖、敵対行為、革命、ストライキ、工場封鎖、暴動、火災、伝染病、もしくは輸出者がコントロールできないその他の原因によって、出荷不能や契約の履行の遅延に対して責任を負わないものとしています。その場合輸入者は、船積遅延もしくは、輸出者からの要望があった場合には、この契約の全部もしくは一部解約に応じるものと定めています。

7． Arbitration（仲裁）
この契約に関連して双方のあいだで起きた紛争や論争や意見の食い違いに関して、不当に遅れることなくお互いに合意に到達できない場合は、日本商事仲裁協会のルールに基づいて、東京においての仲裁に従って解決するものとしています。そしてこの仲裁は判断は最終的なものであり、双方を拘束するものであることを確認しています

8． Trade Terms（貿易取引条件）とGoverning Law（準拠法）
この契約において使用される貿易条件は、最新のインコタームズの規定にしたがって解釈されることをさだめています。そしてこの契約は、効力、解釈、履行をふくむすべての事柄は、日本の法律に準じて決定されるものとしています。

輸出契約書の裏面の一般取引条項の内容例（訳）

1． Increased Costs（増加費用）
もし契約の締結後に船賃、税金、その他の課金、戦争などのための保険料などが増加した場合は、それらの費用は全額輸入者の負担とするという条項です。

2． Payment（支払い）
輸入者は、契約の金額と日本以外で発生する銀行諸掛、ただし通知手数料に関しては、日本国内外を問わず支払うものと定め、契約の代金と相殺はできないものとしています。L/Cの条件は、取り消し不能でかつ契約書に合致し契約金額全額をカバーするもので、船積み後21日間買い取りのため有効であるものを要求しています。万が一輸出者が、上記の条件をみたすL/Cを発行しない場合は、契約の解除、船積みの延期などを定めています。

3． Shipment（船積み）
船荷証券、シーウェイビル、エアーウェイビルなどの運送書類の日付は、船積日又は受け渡し日の最終的な証拠になることを定めています。航空便の場合のリスクの移転時は、運送人への受け渡し時としています。分割船積が許されている場合は、それぞれの船積は別個の契約と定めています。

4． Insurance（保険）
CIFもしくはCIPの契約の場合は、保険は輸出者がインボイス総額の110%で付けられるものとし、契約以上の保険条件を輸入者が要求する場合は、その追加の費用については、輸入者の負担とすることを定めています。

ment of the Goods or of performance of other obligations arising under the terms of this Contract, and/or (ii) cancel unconditionally the whole or any part of this Contact, and Buyer shall accept such of the above action(s) as Seller may take.

7.ARBITRATION: Any dispute, controversy or difference which may arise between the parties hereto, out of or in relation to or in connection with this Contract or any breach hereof shall be settled, unless amicably settled without undue delay, by arbitration in Osaka, Japan in accordance with the rules of procedure of The Japan Commercial Arbitration Association. The arbitral award shall be final and binding upon both parties hereof.

8. TRADE TERMS & GOVERNING LAW: Trade terms such as FOB, CIF and any other terms which may be used in this Contract shall have the meanings defined and interpreted by the Incoterms 2000 Edition, ICC Publication No.560, as amended, unless otherwise specifically provided in this Contract. The formation, validity, construction and performance of this Contract shall be governed by and construed in accordance with the law of Japan.

出典：『実践　貿易実務』ジェトロ

this Contract or in the transport document.
Seller shall have the option in full settlement of such claim to repair the defective goods, replace with conforming goods or repay the purchase price.
In any event, Seller shall not be responsible to Buyer for any incidental, consequential, or special damages.

6. FORCE MAJEURE: Seller shall not be liable for any delay in shipment or delivery, or non-delivery, of all or any part of the Goods, or for any other default in performance of this Contract due to the occurrence of any event of force majeure (hereinafter referred to as "Force Majeure"), including, but not limited to, flood, earthquake, typhoon, tidal wave, perils of the sea, fire, explosion or other act of God, prohibition of exportation, embargo or other type of trade control, governmental order, regulation or direction, or quarantine restriction, strike, lockout, slowdown, sabotage, or other labor dispute, war, hostilities, riot, civil commotion, mobilization, revolution or threat thereof, boycotting, accidents or breakdown of machinery, plant, transportation or loading facilities, shortage of petroleum products, fuel, electricity, energy sources, water, other raw materials, substantial change of the present international monetary system or other severe economic dislocation, bankruptcy or insolvency of the manufacturers or suppliers of the Goods, or any other causes or circumstances directly or indirectly affecting the activities of Seller, manufacturer or supplier of the Goods.
On the occurrence of any event of Force Majeure, Seller may, by giving notice to Buyer, (i) extend the time of delivery/ship-

them for Buyer's account and risk, and/or, (iii) resell the Goods for Buyer's account.

3. SHIPMENT: The date of the Bill of Lading, Sea Waybill, Air Waybill or any other similar transport documents shall be conclusive evidence of the date of shipment or delivery.
In case the Goods shall be carried by air, risk of loss of the Goods shall pass from Seller to Buyer upon delivery of the Goods to the carrier or its agent for transportation.
Each lot of partial shipment or delivery, if allowed, shall be regarded as a separate and independent contract.

4. INSURANCE: Where Seller is to effect insurance at its own expense, such as in case of CIF or CIP, such insurance shall (i) cover one hundred and ten percent (110%) of the invoice amount, (ii) be against marine risks only, and (iii) be Free from Particular Average, F.P.A. (Institute Cargo Clauses) or on equivalent terms.
Any additional insurance requested by Buyer shall be on Buyer's account and its premium shall be added to the invoice amount for which the Letter of Credit/Terms of Payment shall provide accordingly.

5. CLAIM: No claim of any kind or nature shall be raised by Buyer under this Contract unless made in writing to be accompanied by full particulars of the claim and the evidence thereof certified by sworn surveyor(s) within fifteen(15) days after the arrival of the Goods at the destination specified on the face of

②輸出契約書の裏面の一般取引条項の内容例

GENERAL TERMS AND CONDITIONS

1. INCREASED COST: If Seller's cost(s) of performance is(are) increased after the date of this Contract by reason of increased freight rate(s), tax(es) or other governmental charge(s), or insurance premium(s) for War & S.R.C.C. risks, such increased cost(s) is(are) entirely on the account of Buyer.

2. PAYMENT: Buyer shall pay the full contract price plus all banking charges outside Japan, including advising charges, regardless of being charged within or outside Japan, and shall not be entitled to offset any of them against the contract price.
(1) If and when Buyer is to establish a Letter of Credit in favor of Seller, such Letter of Credit shall be (i) Irrevocable and Unrestricted(freely negotiable by any bank), (ii) established by a prime bank satisfactory to Seller immediately after the conclusion of this Contract, (iii) valid for a period of 7 days or over for negotiation after the date of shipment and expire thereafter in Japan, (iv) in strict compliance with the terms and conditions of this Contract, and (v) available for sight draft(s) to cover the full invoice amount.
Failure of Buyer to furnish such Letter of Credit as specified above shall be deemed a breach of this Contract, and Seller, without prejudice to any of the remedies stipulated herein, shall have the option(s) to (i) cancel the whole or any part of this Contract, (ii) defer the shipment of the Goods and hold

8． Arbitration（仲裁）
「この契約において、契約の違反もしくは当事者間双方の間で生じるすべての紛争、論争、意見の食い違いは、速やかに円満に解決できない場合は、日本の（社）国際商事仲裁協会の仲裁規則に従って解決するのものとし、その判断は最終的なものとし双方を拘束するものとする」

貿易取引は、本来信頼ベースに行われれば契約書も必要ないのですが、現実には食い違いも多いものです。紛争がおきた時、どのように収めていくかを決めておくことは、重要でしょう。

9． Trade Terms & Governing Law（貿易条件用語および準拠法）
「この契約書で使われているFOB、CIFなどの貿易用語は、別途定めがない限り、『インコタームズ1990年改訂版』、およびその後の改訂版に定義され、解釈された最新改訂版のものとする。この契約の成立・効力・解釈・履行は日本の法律を適用して判断されるものとする」

いわゆる準拠法です。どこの国の法律で判断されるかは、輸入者にとって、重要な条項です。

し30日以上の遅延が発生する場合は、その契約を破棄できるものとし、輸出者は発生した損失、損害の補償をするものとする」

輸入者は、輸出者が不可抗力によって契約を履行できないことも想定して、国内の顧客との間にも、念のために不可抗力条項を結んでおく必要があります。

7．Default（債務不履行）
「輸出者が、この契約の不履行、契約の条件、保証に違反した時、破産、支払不能、もしくは輸出者が解散、清算に入ったり営業権譲渡または資産譲渡があった場合には、輸入者は文書をもって次の手段を取ることができるものとする。
（ア）この契約あるいは輸出者とのすべての契約の履行を停止すること
（イ）商品の船積あるいは引き取りの拒否
（ウ）すでに引取っている商品を、輸入者サイドで輸出者サイドの勘定で売却し、輸出者の債務不履行で被った損害、損失補てんへの充当
（エ）この契約または輸出者とのその他のすべての契約の破棄
前述のどの場合でも、輸入者は、輸入者がこの商品を転売することによって得られるはずの利益（逸失利益）および輸入者から商品の購入を約束していた顧客が被る損失を含み、それだけに限定されることなく、輸入者が被りえるすべての損失を請求できる」

ただし、この条項があっても輸出者の破産、会社更生法申請などの場合は、その輸出国の法律で規制されるので、注意が必要です。

しかも品質保証は、商品の検査や証人受領後などの理由によって、輸出者はその責任からまぬがれることはできない。もし輸入者が欠陥を発見した場合、次のような選択をすることができる。
① 輸出者負担で交換もしくは修理
② 受取拒否
③ いつでも全部もしくは一部の取り消しができる
万が一、前述のことが発生した場合、輸入者はその欠陥により輸入者もしくは輸入者の顧客が被った損害、損失を、輸出者にその補償を請求できるものとする」

これは、かなり輸出者には厳しい内容になっていますが、品質基準が日本に比べて低い国々との取引においては、不可欠な条項です。

6．Force Majure（不可抗力）
「輸入者は、輸入者または商品の購入、転売、運送などに直接的、間接的に関係がある輸入者の顧客に相当の影響がある天災地変、戦争または武力闘争、あるいはその他の同様な理由などの不可抗力事由（以下不可抗力という）の発生によって生じる遅延や不履行に対しては、責任を負わないものとする」

輸入者は、なんらかの不可抗力がおきた時は、輸出者に文書で通知し、契約の全部もしくは一部を取り消すか、もしくは履行の延期をすることができる。
前述と同様の事由で、輸出者の過失ではなく、契約書に沿った受け渡しができない場合は、その理由を付記して文書にて輸入者に連絡し、輸入者は輸出者が要求した場合は、その出来事が輸出者の受け渡しを阻害している間は、船積み延期に同意をする。ただ

輸出者の費用負担を、はっきり明文化しておくものです。

3．Shipment（船積）
「輸出者は、契約の商品を、この契約書に定められた期限内に出荷しなければならない。もし輸出者が期限どおりに出荷できない場合は、この契約を破棄し、被った損害の賠償請求ができる」

船積遅れは、輸入者にとっては致命的にもなりえる大きな問題です。ですから輸入者にとって大きな救済手段と請求権を輸出者に認めてもらう必要があります。

4．Claim（クレーム）
「輸入者は、欠陥がある場合は、ただちに発見できないような潜在的欠陥以外は、商品最終到着地着後、輸出者もしくは輸出者の顧客によって、梱包をほどかれてからできるだけ早い段階で文書をもって連絡した場合、損害の賠償を請求できるものとする」

輸出者サイドの作成したものは、貨物が届いてから何日以内などと規定されていることが多いです。

5．Warranty（保証）
「輸出者は、輸入者が発注した商品が、この契約書の表面の商品詳細、契約にいたるまでのすべてのデータ、契約の基礎として合意された事柄、たとえば仕様、サンプル、柄、図案その他の要件に完全に合致し、ハイクオリティでかつ商品性があり、やっかいさがなく、輸入者もしくは輸入者の顧客の要求に合致している必要がある。

輸入契約書の裏面の一般取引条項の内容例（訳と解説）

Entire Agreement（包括合意）

「この契約書は、輸入者と輸出者の完全な合意を基に成立している。たとえ事前にこれと違うことに合意もしくは約束等があったとしても、これに書かれていること以外のことは無効となる。もし合意に達していない条項等があれば、この契約の締結前に連絡すること。連絡がない場合は、双方ともこの契約に同意したものとする」

この条項は、この契約書に書かれていることが絶対的なものだということを示しています。日本の契約書にありがちな曖昧な「円満解決条項」や「別途協議条項」とは全く相いれない欧米諸国の標準的な考え方ですので注意が必要です。

1．No Adjustment（調整禁止）

「この契約書に定められた商品の価格は、契約締結後たとえいかなる事情、例えば材料費、労賃、船賃、保険料、税金等の高騰があろうとも変えることはできない」

前述したようにこの条項は輸入者にとってもっとも重要な条項の一つです。必ず盛り込むべき条項です。採算に直接かかわる生命線ともいえるでしょう。後述する輸出者サイドのIncreased Costと比べるとお互いの立場がはっきりするでしょう。

2．Charges（諸掛り）

「輸出国で発生する、商品、コンテナ、または書類にかかる関税、税金、銀行諸費用は、輸出者の負担とする」

Any disputes, controversy or difference which may arise between the parties hereto, out of or in relation to or in connection with this Contract, or any breach hereof shall be settled, unless amicably settled without undue delay, by arbitration in (Tokyo), Japan in accordance with the rules of procedure of The Japan Commercial Arbitration Association. The arbitral award shall be final and binding upon both parties.

9）TRADE TERMS & GOVERNING LAW

Trade terms such as FOB, CIF and any other terms which may be used in this Contract shall have the meanings defined and interpreted by the Incoterms 1990 Edition, ICC Publication No. 460, as amended, unless otherwise specifically provided in this Contract. The formation, validity, construction and performance if this Contract shall be governed by and construed in accordance with the laws of Japan.

出所：『最新輸入ビジネス』ジェトロ

shall reimburse to Buyer any amount of money paid by Buyer to Seller with respect to any undelivered portion of this Contract.

7) DEFAULT

If Seller fails to perform any provision of this Contract or any other contract with Buyer or commits a breach of any of the terms, conditions and warranties in this Contract or any other contract with Buyer, or if proceedings in bankruptcy or insolvency or similar proceedings are instituted by or against Seller, or if a trustee or a receiver for Seller is appointed, or if Seller goes into dissolution or liquidation or transfers a substantial part of its business or assets, Buyer may, by giving notice to Seller,

i) stop or suspend its performance of this Contract or any other contract with Seller,

ii) reject the shipment or taking delivery of the Goods,

iii) dispose of the Goods, if delivery has been taken for the account of Seller in such manner as Buyer deems appropriate and allocate the proceeds thereof to the satisfaction of any and all of the losses and damages caused by Seller's default, and/or

iv) cancel the whole or any part of this Contract or any other contract with Seller.

In any such event, Buyer may recover all losses and damages caused by Seller's default, including but not limited to, loss of profit which would have been obtained by Buyer from resale of the Goods and damages caused to any customer purchasing the Goods from buyer.

8) ARBITRATION

iii) to cancel the whole or any part of this Contract at any time. In either event, Buyer may require Seller to compensate any loss or damages suffered by Buyer or Buyer's customer(s) due to or arising from such defects.

6) FORCE MAJURE

Buyer shall not be liable for any delay or failure in taking delivery of all or any part of the Goods, or for any other default in performance of this Contract due to the occurrence if any event of force majure (hereinafter referred to as "Force Majure" such as, Act of God, war or armed conflict, ..., or any other similar cause which seriously affects Buyer or any of his customers, directly or indirectly, connected with the purchase, resale, transportation, taking delivery of the Goods.

In any event of Force Majure, Buyer notify Seller in writing of such event(s) and Buyer may, in its sole discretion and upon notice to Seller, either terminate this Contract or any portion thereof affected by such event(s), or delay performance of this Contract in whole or in part for a reasonable time.

If seller is unable to deliver the Goods in whole or in part as specified on the face of this Contract by similar reason(s) as above-mentioned, without Seller's fault, Seller shall immediately notify Buyer in writing of such delay with the reason thereof, and Buyer shall, if requested by Seller, agree to extend the time of shipment until such event(s) shall no longer prevent delivery by Seller. In the event, however, the above mentioned event(s) cause a delay beyond thirty(30) days, Buyer may, in its sole discretion and upon written notice to Seller, terminate this Contract or portion thereof affected such event(s), and Seller

Buyer may cancel this Contract and claim damages.

4) CLAIM

Any claim by Buyer, except for latent defects, shall be made in writing as soon as reasonably practicable after arrival of the Goods at their final destination and unpacking and inspection thereof, whether by Buyer or any customer of Buyer.

Seller shall be responsible for latent defects of the Goods, notwithstanding inspection and acceptance of the Goods, provided that notice of claim shall be made within six(6) months after the Goods become available for inspection, whether by Buyer or any customer of Buyer.

5) WARRANTY

Seller warrants that

i) the Goods shall fully conform to the description of the Goods on the face hereof and any and all data and materials shown as the basis of this Contract, such as specifications, sample, pattern, drawings, etc.

ii) the Goods shall be of good quality, merchantable, be free of any encumbrance, and fit or suitable for the purpose(s) intended by Buyer or Buyer's customer(s).

Such warranty shall not be deemed to have been waived by reason of inspection and/or acceptance of the Goods or by the payment thereof by Buyer.

If Buyer should find any defect in the Goods and notify Seller of that fact, Buyer shall have the following option(s):

i) to require Seller to replace or repair the Goods at Seller's expense and risk,

ii) to reject the Goods,

巻末資料

①輸入契約書の裏面の一般取引条項の内容例

General Terms and Conditions

We, as buyer, are pleased to confirm this day our purchase from you, as Seller, subject to all of the TERMS AND CONDITIONS ON THE FACE AND RESERVE SIDE HEREOF. If you find herein anything not in order, please let us know immediately, Otherwise, these terms and conditions shall be considered as expressly accepted by you, and constitute the ENTIRE AGREEMENT between the parties hereto.

1) NO ADJUSTMENT

The price described on the face hereof shall be firm and final and shall not be subject to any adjustment as a result of a change in Seller's cost which may occur due to a change in material or labour costs or in freight rate(s) or insurance premium(s), or any increase in tax(es) or duty(ies) or imposition of any new tax(es) or duty(ies).

2) CHARGES

All customs duties, taxes, fees, banking charges and other charges incurred on the Goods, containers and/or documents arising in the countries of shipment and/or origin shall be borne by Seller.

3) SHIPMENT

Seller agrees to ship the goods described on the face of this contract punctually within the period stipulated on the face of this contract.

In the event Seller fails to make timely shipment of the Goods,

【著者紹介】
大須賀 祐（おおすか ゆう）
1955年9月26日生まれ。株式会社インポートプレナー最高顧問。早稲田大学商学部卒。東証一部上場企業入社後、3年目で最優秀営業員賞受賞。その後、輸入商社㈱マルオにて直接輸入を推進。2004年2月、当時合格率がわずか8.4%であり、現役で日本国内に500名もいない超難関資格「ジェトロ認定貿易アドバイザー」を取得。貿易歴27年。ジェトロ認定貿易アドバイザー№486、日本貿易学会正会員、OVTA 財団法人海外職業訓練協会 国際アドバイザー№644、「輸入ビジネスパーソン養成講座 MIC」主宰と幅広く活躍している。

全国で486人目の貿易アドバイザーとして、日本貿易振興機構（JETRO）より認定を受け、超難関資格であるジェトロ認定貿易アドバイザーとしての知識や、現在までに5000件以上の商談をこなした経験、心理学やNLPに基づいた巧みなコミュニケーション術を駆使した実践に裏付けられた的確なコンサルティングは、クライアントから圧倒的な支持を受け、 テレビ、ラジオ、新聞などのマスコミにも頻繁に紹介されている。
現在数少ない地方在住の貿易アドバイザーとして数多くの講演依頼、相談依頼、顧問依頼を受け、全国的に活躍中。経済産業省のJAPANブランド支援事業では、地元の商工会議所、商工会の依頼を受け2年連続して「海外展示会出展プロジェクト」を推進する。近年は特に中小企業向けに新たなる事業戦略としての輸入ビジネスを提唱し圧倒的に人気を博している。

また、著書に、輸入ビジネス書としては異例ともいえる販売即日 Amazon 総合ランキング1位になった『初めてでもよくわかる 輸入ビジネスの始め方・儲け方』（日本実業出版社）がある。

■ この本の内容に関するお問い合わせ先
info@importpreneurs.com
■ 著者のホームページ
http://www.importpreneurs.com
■ 著者の輸入ビジネスブログ
http://importpreneur.jugem.jp
■ 著者のメルマガ「インポートプレナーズ通信」
http://www.importpreneurs.com/mailmag.html

おもしろいほどよくわかる

貿易ビジネスの基本と常識

商品発掘から販路開拓まで、これ一冊で完璧！

2009年3月6日　第1版第1刷発行
2012年4月16日　第1版第3刷発行

著　者　大須賀祐
発行者　安藤卓
発行所　株式会社ＰＨＰ研究所
東京本部　〒102-8331　千代田区一番町21
ビジネス出版部　☎03-3239-6257（編集）
普及一部　☎03-3239-6233（販売）
京都本部　〒601-8411　京都市南区西九条北ノ内町11
PHP INTERFACE　http://www.php.co.jp/
組　版　株式会社編集社
印刷所　凸版印刷株式会社
製本所　東京美術紙工協業組合

©Yuh Ohsuka 2009 Printed in Japan
落丁　乱丁本の場合は弊社制作管理部（☎03-3239-6226）へご連絡下さい。送料弊社負担にてお取り替えいたします。

ISBN978-4-569-70656-6

PHPの本

本当にこまったときに使える
小さな会社の社長のための問題解決マニュアル

福島　正伸　著

「銀行に融資を断られた」「大口得意先がなくなった」……。会社・店舗経営でのこまった相談に、アントレプレナー流具体的突破口を紹介。

定価一、三六五円
（本体一、三〇〇円）
税五％

PHPの本

マネーの動きで読み解く外国為替の実際

国際通貨研究所 編

外貨取引をする上での基本的な理解から今後の予測の立て方までをわかりやすく解説。実際に外貨取引をする人のための入門書。

定価一、四七〇円
（本体一、四〇〇円）
税五％

PHPの本

不愉快な敬語
品格を高める会話、人格が疑われる言葉づかい

小林作都子 著

間違った言葉づかいは、あなたを〝おばかさん〟にみせてしまう。敬語もどき・二重敬語ではなく、本当の敬語を理解しよう。

定価一、一五五円
（本体一、一〇〇円）
税五％

PHPの本

決断力と先見力を高める
心に響く名経営者の言葉

ビジネス哲学研究会 編著

名経営者と呼ばれた人たちは、数々の言葉を残している。彼らの機軸や信念となっているそれらの言葉を、人物や事跡とともに紹介する。

定価九九八円
（本体九五〇円）
税五％

PHPの本

使える！ 役立つ！
探偵ハンドブック

大徳 直美 著

浮気の証拠のおさえ方、ストーカー対策、盗聴・盗撮から身を守る……。プライバシーと生活を守るための〝使える探偵ノウハウ〟が満載！

定価九九八円
（本体九五〇円）
税五％